Los niños necesitan animales de compañía

Los niños necesitan animales de compañía

Cómo los animales favorecen el desarrollo de los niños

Dieter Krowatschek

Traducción de Bernardo Moreno Carrillo

Plataforma Editorial
Barcelona

Título original: *Kinder brauchen Tiere.*
Wie Tiere die kindliche Entwicklung förden.

Primera edición en esta colección: Septiembre 2009

© Dieter Krowatschek, 2009
© De la traducción: Bernardo Moreno Carrillo, 2009
© de la presente edición: Plataforma Editorial, 2009

Plataforma Editorial
Plaça Francesc Macià 8-9 – 08029 Barcelona
Tel.: (+34) 93 494 79 99 – Fax: (+34) 93 419 23 14
www.plataformaeditorial.com
info@plataformaeditorial.com

Depósito legal: B. 583-2009
ISBN: 978-84-96981-59-1
Printed in Spain – Impreso en España

Diseño de cubierta:
Utopikka
www.utopikka.com

Fotocomposición:
Grafime. Mallorca 1 – 08014 Barcelona.
www.grafime.com

El papel que se ha utilizado para imprimir este libro proviene
de explotaciones forestales controladas, donde se respetan
los valores ecológicos, sociales y el desarrollo sostenible del bosque.

Impresión:
Reinbook Imprès, S.L.
Sant Boi de Llobregat (Barcelona)

Para *Fly*, que ama a todos los niños revoltosos,
inquietos y difíciles con los que trabajo como terapeuta.

Índice

Nota preliminar

Los niños necesitan animales de compañía se dirige a padres y educadores, y pretende hacerles comprender la importancia de que, en su vida cotidiana, los niños tengan la posibilidad de relacionarse con los animales para, así, hacerse más responsables y adquirir una mayor competencia social. No todos los animales convienen de igual manera. Los perros son ideales en este sentido, pues su capacidad de interacción, la calidad del contacto que establecen con los niños, su nivel de comprensión y su aptitud para integrarse en una familia con niños forman parte de sus rasgos distintivos.

Hace varios años que trato a niños con problemas de atención y de conducta en unos campamentos vacacionales situados en la isla de Sylt. Muchos de ellos son propensos a mostrar una conducta agresiva. A menudo presentan trastornos psicológicos, pierden fácilmente los estribos y me hacen —a mí y a ellos mismos— la vida imposible. Hace ya cierto tiempo que llevo conmigo a la isla a mi perra *Fly*, una border collie. Ella me ha demostrado fehacientemente lo importantes que son los animales para el desarrollo social y emocional de un niño.

Un día, un grupo de seis niños de ocho años iba corriendo por la playa junto con mi perra *Fly*. Yo los observaba desde una duna sin ser visto, pues quería comprobar cómo trataban a la perra. Estaban «cazando» gaviotas, uno de los juegos favoritos de *Fly*. Ésta avanzaba furtivamente, con el vientre pegado al suelo, seguida de cerca por los seis chavales, que, sin hacer ruido, iban arrastrándose también, cada vez más cerca de la gaviota. De repente, el can se irguió, los chavales se incorporaron también, y todos se precipitaron hacia el ave, que tenían al alcance de la mano. Entonces ésta se elevó majestuosamente, describiendo un arco perfecto, y *Fly* se la quedó mirando con aire decepcionado. Los chavales se le acercaron y le echaron un brazo por encima del lomo, como si quisieran consolarla. Permanecieron así un buen rato hasta que *Fly* decidió fijarse en otra gaviota. No podría decir cuántas veces repitieron el intento. No lograron atrapar ninguna gaviota, pero no se desanimaron. Entre gritos de alegría, se revolcaban en la arena, hacían planes, se desternillaban de risa y se los veía muy felices juntos.

Quiero dar aquí las gracias a Janine Robert y a Torben Schmidt por sus correcciones estilísticas y de contenido, así como por sus estimulantes observaciones; a Henning Krug por las numerosas consultas en Internet que realizó para este libro durante su período de prácticas, y al criador Horst Ludwig, que me ha dado pistas y consejos utilísimos.

1.
Los humanos y los animales hacen buenas migas

*La verdadera desgracia del hombre
es proceder del mono y no del perro.*
(Arthur Schopenhauer)

Un día, hace cierto tiempo, entré junto con *Fly*, mi perra
border collie, en la sala de espera de una veterinaria y vi a
un chaval de unos doce años que esperaba allí, sentado. Lle-
vaba unos vaqueros deslavados y rajados por encima de la
rodilla derecha, un suéter Nike y y una cresta en el pelo en-
gominado. Por las zapatillas deportivas supuse que el pati-
naje era una de sus aficiones favoritas. No conseguía verle la
cara, pues estaba inclinado sobre un bulto: lo acariciaba rít-
micamente y con ternura mientras le susurraba algo. Si yo
no hubiera adivinado que estaba acariciando a una mascota,
habría dicho que le hablaba a un bebé. Estaba acariciando
a un pequeño terrier de color blanco y marrón que tiritaba
y, ocasionalmente, gimoteaba, y que se arrimaba confiada-
mente a su dueño. El chaval no se cansaba de acariciar al animalito y de susurrarle cosas. Yo observaba fascinado la solicitud, el esmero y el cariño de este joven de aspecto algo hosco

y desaliñado que, con toda seguridad, era poco propenso a mostrar sus sentimientos.

Entre el perro y él se había creado un profundo lazo de afinidad, y la actitud del chico me recordó la de las madres que atienden solícitamente a sus bebés. También éstas emplean un lenguaje específico que sólo entienden los bebés, a los que acarician y consuelan exactamente de la misma manera. La relación que existía entre ese chaval y su perro me pareció profundamente emotiva. Los dos se querían mucho. Su devoción, preocupación y comprensión mutuas eran evidentes para todo el mundo.

La relación con los animales tiene una importancia especial para el desarrollo social de los niños y los adolescentes. Ya se trate de perros fieles, de gatos individualistas, de dóciles delfines o de tortugas lentas, siempre que se habla de una mascota se está hablando también de un ser humano. Pues en los actos y la manera de pensar de los animales se refleja también nuestra propia imagen humana.

Cuando me pongo a pensar en mi infancia, en los tres primeros años de mi vida, solo me vienen recuerdos confusos; pero lo que sí recuerdo nítidamente es que teníamos una perra boxer. Era de mi abuelo, que vivía con nosotros, y los tres formábamos una auténtica piña. Mi abuelo se ocupaba de mí todo el día, y la perra nos acompañaba a todas partes. A mi abuelo le encantaba el trabajo en el jardín, y había un enorme terreno que cultivaba con un entusiasmo cada vez mayor. Ningún miembro de la familia podía cambiar ni plantar nada de lo que allí había, y mucho menos arrancarlo. Mi abuelo era un hombre de fuertes convicciones, y no había nadie capaz de hacerlo cambiar de idea. Contaba con dos ayudantes infatigables: la boxer y yo. Éramos los únicos que podíamos movernos a nuestro antojo por el jardín. El nieto de tres años podía cavar, regar, trasladar, escardar y arrancar cualquier cosa en cualquier momento, fuera en el bancal que fuera. La perra asistía y vigilaba los hoyos. Y aunque a veces la ayuda le resultaba al abuelo claramente innecesaria, él se alegraba del entusiasmo de su nieto, de la solicitud de la perra y del cariño que los dos mostraban por el jardín. Consciente de lo importante que era una mascota para un niño pequeño, en plena guerra nos regaló a los dos muchos días alegres y confiados, convencido de que nuestro amor incondicional e ilimitado era un auténtico don para él.

Sobre la relación entre los seres humanos y los animales existe una gran cantidad de bibliografía. La importancia de los animales para los adultos y para las personas mayores está una vez más en el punto de mira de las investigaciones científicas. Es sabido que las personas que poseen alguna mascota tienen menos estrés, y la tensión más baja, que las que no poseen ninguna. Incluso la observación pasiva de animales reduce de manera significativa los miedos, la tensión y las depresiones. Así, se ha demostrado que, en la consulta de un dentista, pasar diez minutos contemplando peces tropicales en un acuario disminuye la desazón y el malestar de los pacientes. Según otros estudios, la actividad cardíaca de los adultos que tienen alguna mascota es mejor que la de aquellos que no tienen ninguna, y los eventuales ataques al corazón tienen, asimismo, unas consecuencias menos graves.

Estos resultados plantean algunas preguntas con relación a la importancia de las mascotas para los niños. ¿Qué influencia tienen éstas en su desarrollo psíquico y social? ¿Es dicha influencia comparable a la de los padres, hermanos, parientes, amigos, maestros y compañeros?

Hace varias décadas que la psicología se viene ocupando de la importancia que tienen para los niños las personas que significan una referencia para ellos. Pero sobre la vida cotidiana de los niños que poseen alguna mascota existen muy pocos estudios metódicos y estadísticamente exactos.

Durante mis últimas vacaciones, un día decidí visitar el museo de una localidad costera del sur de Inglaterra. No era lo que suele llamarse un museo temático, sino que simplemente intentaba ofrecer a los niños una visión general sobre varias cuestiones importantes. Me llamó particularmente la atención una colección de piedras, y entre ellas una tabla que detallaba la prehistoria de la Tierra. Así, me enteré de que nuestro planeta tiene unos cinco mil millones de años. Las aves, los perros y los gatos se desarrollaron hace ciento sesenta millones de años. Y en cuanto al ser humano, se supone que surgió de los primates hace sólo aproximadamente cinco millones de años.

Así pues, los animales y las plantas vivieron varios millones de años sin la presencia de los humanos. Sin embargo, éstos no pueden vivir sin los animales o sin las plantas. A menudo pienso que, de alguna manera, los niños lo saben, pues se relacionan de manera muy espontánea con los animales. Sienten una necesidad interna de estar en su compañía. Curiosamente, los niños se comprometen a menudo en la protección de los animales y de la naturaleza en general. Para ellos, los animales desempeñan una función especial. El famoso discurso que el jefe tribal Seattle pronunció en el año 1855 habla de lo mucho que los humanos, y en especial los niños, dependen de los animales:

«Las flores perfumadas son hermanas nuestras, igual que el ciervo, el caballo, el águila majestuosa. Las cumbres rocosas, los prados húmedos de rocío, el calor corporal del potro, y del ser humano…, todos pertenecen a la misma familia… ¿Qué sería del hombre sin los animales? Si desaparecieran todos los animales, el hombre también moriría, y con una gran soledad de espíritu. Pues todo lo que les sucede a los animales pronto le sucede también al hombre. Todas las cosas están relacionadas».[1]

Los niños se interesan por los animales por diversos motivos. Son curiosos y suelen tener menos prevención que los adultos en el momento de acercarse a otras especies. Los niños sienten también especial predilección por los cachorros. Sabemos que un bebé busca protección en su madre cuando se acerca un extraño; pero se aleja sin mayor problema de ella para entrar en contacto con un animal. La mayor parte de las mascotas actúan de manera «infantil». Los niños aprecian este hecho y las consideran unas compañeras de juego valiosísimas.

Los niños necesitan a los animales para sobrevivir en este mundo. Reinhold Bergler, del Instituto para el Estudio Empírico-Social de la universidad de Bonn, recalca en su libro *Warum Kinder Tiere brauchen* («Por qué los niños necesitan a los animales») las diferentes funciones que estos desempeñan para aquellos. Las mascotas son unos amigos afectuosos y fiables que protegen y vigilan. Pero también pueden mostrar fuerza, individualismo e inteligencia.

No hace mucho, los padres de uno de mis pequeños clientes me escribieron lo siguiente: «No se puede comparar en términos materiales lo que un ser transmite en el plano inmaterial a otro ser –sobre todo a un niño–». No se referían a mis preocupaciones terapéuticas por su hijo, sino a lo que aportaba mi perra *Fly*.

Cuando conocí a Daniel, ya había cumplido siete años e iba a primero de primaria. Las cosas no le iban muy bien en la escuela: le estaba costando mucho trabajo aprender las vocales y reaccionaba con miedo ante cualquier cosa. Sobre todo, le daban mucho miedo los perros. Cada vez que veía uno se crispaba y se echaba a llorar. Daniel empezó a participar regularmente en uno de mis grupos para niños hiperactivos. Era el único chico retraído, tímido y timorato del grupo. El trato con otros niños hiperactivos alegres, sociables y temperamentales le vino muy bien. En la terapia participaba también mi perra *Fly*, que estaba presente en todas las sesiones, y todos los niños la querían mucho. Sólo Daniel la evitaba y le tenía miedo.

Un año después, el grupo se fue de campamento junto con *Fly*: una semana en la isla de Sylt. Cada día, el grupo encargado de la comida tenía que ocuparse también de dar de comer a *Fly*. Los niños aprendieron muy deprisa qué guarnición le gustaba más a *Fly*, si prefería pasta o arroz y cuál era su postre favorito. Los niños encomendaron también a Daniel la tarea de darle de comer, pues daban por sentado que, al igual que ellos, realizaría esa actividad con mucho gusto. Cuando le tocó el turno, Daniel le llevó a *Fly* la comida y se la arrojó al comedero desde una distancia prudencial. *Fly* esperó pacientemente, se acercó despacio al comedero, meneó la cola, miró a Daniel unos instantes y luego comió tranquilamente su plato hasta dejarlo limpio. Debió de ser algo que le gustaba particularmente a *Fly*, pues aquella misma tarde, cuando estaban en la playa, cogió la pelota con la boca y corrió hasta Daniel para que se la tirara lejos. Esto es algo que solo hace con sus mejores amigos. Dejó la pelota delante del niño, corrió unos metros, se agazapó en la arena y esperó. Daniel arrojó la pelota todo lo lejos que pudo. *Fly* salió corriendo, volvió con la pelota y esperó de nuevo. Entre los dos surgió al instante una gran amistad: aquella misma tarde Daniel se ofreció a darle de comer. Partió la salchicha en pequeños trozos y se la enseñó, aunque con escasa habilidad y desde demasiada altura. *Fly* se sentó delante de él con la cabeza erguida y esperó pacientemente a que el brazo de Daniel bajara hasta su nivel: así pudo alcanzar el trocito deseado. No le saltó encima, ni lo acosó, sino que retiró la comida de entre sus dedos con cuidado. Daniel demostraba cada vez más valor. Al final ya sostenía la salchicha directamente delante de la boca del animal y su postura corporal había cambiado por completo. Se lo veía contento y relajado en la silla, y no paraba de reír. Por la noche, *Fly* me acompañó a dar las buenas noches a los chavales. Al entrar en la habitación del grupo de Daniel, trotó hacia su cama, meneó la cola y lo saludó con alegría. Daniel, igualmente encantado, abrió el cobertor. *Fly* saltó sobre su cama, se acurrucó a su lado y le lamió la mano en señal de agradecimiento.

A partir de entonces, los dos formaron una pareja inseparable. *Fly* seguía a Daniel a todas partes. Éste no cabía en sí de contento y jugaba con ella como un loco. Había cambiado sensiblemente: tenía más confianza en sí mismo y mostraba una mayor autoestima. Y no sólo en el trato con los perros, sino también en otras situaciones de la vida.

Los animales permiten a los niños observar la naturaleza y aprender muchas cosas. ¿Imaginamos un paseo por el campo sin pájaros, mariposas, ardillas, escarabajos, lagartos y caracoles?

En su trato con los animales, los niños se ejercitan en las cosas buenas y aprenden la necesidad de comprender, aunque ocasionalmente algunos den rienda suelta, también, a su crueldad. Así, en su famoso libro para niños *Der Struwwelpeter (Pedro* el Melenas)*, Heinrich Hoffmann nos advierte ya de que el «perverso Friederich» torturaba a los animales para divertirse. Sobre las torturas a los animales hablaré después de manera más detallada.

En una sociedad que en muchos aspectos está marcada por la brutalidad y la violencia, los animales ayudan a los niños a experimentar empatía. Mediante el contacto con los animales, cultivan la compasión y aprenden a sintonizar con los demás. ¿Cómo vamos a contrarrestar los efectos negativos de tantos videojuegos, películas, libros y tebeos que fomentan la violencia si no tomamos también medidas preventivas? El amor hacia los animales nos ayuda a amar también a los seres humanos y a todos los seres vivos en general.

Según demuestran varios estudios, existen numerosos factores de riesgo que amenazan el desarrollo de los niños. Cada vez son más los padres que apenas dedican tiempo a sus hijos, que desarrollan un sentimiento de culpabilidad y que no saben cómo enfocar su conducta educativa. A menudo se comportan con sus hijos de manera inconsecuente, por no decir incluso indiferente, y éstos se sienten inseguros y no saben qué es lo que sus padres quieren realmente. Los niños mimados, solitarios, desatendidos, sobreprotegidos y con problemas de conducta son el resultado de semejante tipo de educación.

Los animales a menudo demuestran ser mejores que los seres humanos. Ayudan a desarrollar la responsabilidad y la autonomía, y se comportan de manera equilibrada, sensible, alegre, atenta y cariñosa. Es imposible pasar por alto una influencia tan positiva. Incluso entre los adolescentes, que se encuentran en una fase de desarrollo en la que se sienten incomprendidos y ven a sus padres cada vez más inaccesibles, los animales actúan de manera estabilizadora.

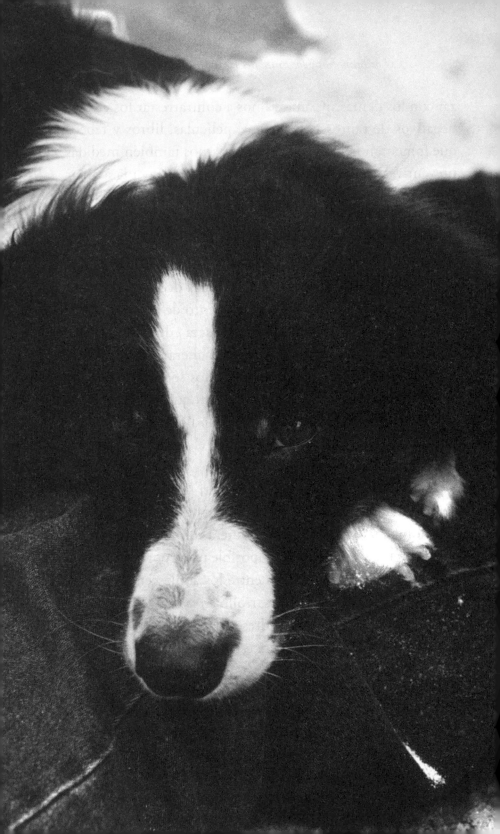

2.
Del lobo a *Lassie*

*Cuando el hombre despertó, preguntó:
«¿Qué hace aquí ese perro salvaje?». Y su mujer contestó:
«No lo llames "ese perro salvaje", sino "el mejor amigo"
pues a partir de ahora será nuestro amigo y acompañante».*
(Rudyard Kipling)

En la era de los glaciares, hace miles de años, no existía lo que hoy conocemos con el nombre de «mascota». Los hombres se alimentaban de los animales que cazaban. Cuando cazaban un venado, preparaban un fuego, lo asaban sobre las llamas y luego se lo comían.

Imaginemos que unos lobos huelen la carne asada y se acercan furtivamente. Tal vez alguien les arroja un hueso. O que los hijos de estos trogloditas se encuentran a un lobezno abandonado y se lo llevan al lugar donde duermen. Empiezan a jugar con él y acaban amaestrándolo. Es así como la primera «mascota» entra a formar parte de la vida familiar.

Desde entonces, el tándem lobo-hombre ha sufrido muchos altibajos. En el período de unos cinco mil años, el lobo domesticado se ha convertido en el perro que hoy conocemos como acompañante del hombre. Los antropólogos han llegado a la conclusión de que fue la domesticación del lobo lo que abrió el camino a adoptar también a otros animales como mascotas.

El comportamiento de nuestros antepasados y el de los perros es bastante parecido en muchos aspectos. Ambos eran capaces de correr largas distancias y de caminar descalzos durante muchas horas sin cansarse. Ambos podían cazar juntos, dominaban el lenguaje corporal y tenían necesidades parecidas: buscar comida, encontrar un lugar cálido y seco para dormir, poder descansar, y, para los pequeños, poder jugar al aire libre sin ser devorados por otro animal.

En el transcurso del día a día siempre estaba presente la preocupación por la supervivencia. El hombre y el perro formaban un buen equipo. Juntos descubrían dónde había animales de caza, dónde agua potable y qué había que hacer de noche para encontrar el camino. Comían, dormían, huían y jugaban juntos. Juntos cazaban mucho o poco, comían opíparamente o pasaban hambre, se relajaban o se ponían en estado de alerta y, finalmente, se alegraban o se entristecían. Al final, cada uno acababa conociendo perfectamente el estado anímico del otro.

Pero antes de que el lobo tuviera acceso a la sociedad humana, y durante mucho tiempo después, los hombres vieron a los animales más bien como una amenaza, como seres a los que había que cazar. La domesticación de otras especies empezó hace sólo unas decenas de miles de años: pusieron a los animales a trabajar en la agricultura y ya no fueron solamente un objetivo de caza. Luego se unieron a la lista las ovejas y las cabras, y, finalmente, hace unos cinco mil años, los caballos, los camellos y los búfalos de agua. Hace nueve mil años en los asentamientos humanos ya había gatos salvajes, pero no fue hasta hace cuatro mil años que los egipcios empezaron a encerrarlos en sus templos y a criarlos.

Por una parte, el hombre caza y mata a los animales; por la otra, los domestica y amaestra. Éstos pueden servir de alimento, de ayuda en el trabajo, de diversión o simplemente de compañía; por eso se los cuida con esmero. Existen animales útiles y animales lindos. A los primeros se los mata; a los segundos se los mima.

Esto no tiene por qué ser una contradicción, sino que representa dos aspectos distintos de la domesticación de los animales. Sin embargo, sólo una cantidad muy limitada de razas de animales puede ser domesticada con éxito. Sea como fuere, lo cierto es que desde hace miles de años, mucho antes de que se hablara siquiera de domesticación o de cría, tanto los adultos como los niños dedicaron mucho tiempo a los animales y crearon una relación especial con ellos.

Los animales mansos dan la impresión de ser una versión para niños de sus antepasados. Por su parte, el etólogo austríaco Konrad Lorenz ha realizado un estudio en el que se ha demostrado lo mucho que el perfil de las mascotas se parece al de los niños:[2] ambos tienen los ojos grandes, la barbilla elevada, la nariz pequeña y la cabeza relativamente grande. Lorenz, que llevó a cabo su estudio comparativo con varias razas, concluyó que la mayor sintonía se da entre el esquema infantil humano y el de los perros, gatos y ánades.

Los niños han desarrollado lazos con los animales que conviven con ellos desde la antigüedad. En varios yacimientos de Israel se han encontrado restos de jóvenes con un perro entre los brazos. Asimismo, en un viejo cementerio del sur de Escandinavia de hace unos siete mil años se han hallado varias tumbas de perros enterrados con rituales parecidos a los de los humanos.[3]

Tanto los egipcios como los griegos y los romanos de la antigüedad poseían animales domésticos. Sus perros, gatos y un número sorprendentemente grande de otras especies –serpientes incluidas– convivían con la familia. Asimismo, en las puertas de muchas casas de Pompeya colgaban letreros con la inscripción *Cave Canem* («Cuidado con el perro»), para advertir que dentro había un can que vigilaba. También en la lírica griega y romana encontramos frecuentes alusiones a los animales domésticos.

Los primeros pobladores del continente australiano iban acompañados por perros. La presencia de animales de compañía es un rasgo constante en casi todas las culturas. En la Edad Media un gran número de personas, sobre todo las mujeres nobles, tenían mascotas que les servían de juguete. La gran enciclopedia medieval *De Animalibus,* que fue compilada entre los años 1258 y 1262, describe al perro como un animal fiel cuyo afecto por su señor es a veces tan grande que estaría dispuesto a dar su vida por él. En la misma línea,

Hildegard von Bingen señala: «Da al hombre un perro, y su alma se curará.» Por su parte, Francisco de Asís se muestra más claro todavía: «Que mi perro sea lo más amable que hay para mí, ¿tú, humano, dices que es un pecado? Mi perro me es siempre fiel en medio de una tormenta; el hombre, ni siquiera con un poco de viento lo es sólo una vez.»

Con el paso del tiempo los animales domésticos dejaron de ser patrimonio exclusivo de la aristocracia para llegar a otras capas sociales. El perro pastor se convirtió en la mascota más corriente de la burguesía. En el siglo XIX –sobre todo en las familias de clase media de Estados Unidos– se adoptaban mascotas de todo tipo para los hijos.

Pero la revolución industrial del siglo XIX trajo consigo nuevos estilos de vida. El paso de la sociedad agraria a la industrial supuso que muchos niños se alejaran de los animales con que se habían relacionado en el mundo agropecuario, como por ejemplo los cerdos y las ovejas. Los pocos animales que conocieron a partir de ese momento tenían un nombre. Hacia finales del siglo XX el contacto con los animales cambió de nuevo, y en la actualidad los padres familiarizan a sus hijos con los animales a través de los libros y de las fotos. O bien las familias pasan las vacaciones en una casa rural o visitan los safaris y los zoos para ver a los animales salvajes. Asimismo, hoy en día existen acuarios muy grandes donde los niños pueden contemplar todas las variedades de peces.

En las familias europeas, los animales domésticos forman parte de la imagen que una familia proyecta de sí misma. Se calcula que alrededor del 60 % de las familias tienen más de un animal. Se puede afirmar que, de cada diez familias, cuatro, por término medio, tienen un perro, tres, un gato y dos, un acuario. De cada veinte familias, una tiene un animal pequeño: un hámster, un conejo, un conejillo de Indias, un ratón o una rata.

Por tanto, la adopción de mascotas se ha convertido en un negocio muy lucrativo. La industria suministra todos los productos necesarios para el cuidado y alimento de nuestras mascotas. Así, si la comida de perros y gatos supone un gasto considerable, hay que añadir los gastos de veterinario y el dinero empleado en la compra de correas, collares, jaulas y juguetes. En Alemania, por ejemplo, en los últimos años, el número de los poseedores de perros y gatos ha permanecido relativamente estable, mientras que el de los poseedores de pájaros, peces y otros animales pequeños –como hámsteres, conejillos de Indias, iguanas y serpientes– sigue en aumento.

Con los animales salvajes no tenemos ningún contacto: ya no somos capaces de cazarlos ni de sobrevivir en la jungla. Asimismo, se ha constatado que existe una menor afinidad entre los animales y los niños, aunque los dos sientan una recíproca simpatía. Para los animales, la vida moderna se ha vuelto igualmente complicada. Los perros tienen hoy que ir pegados a nosotros, sin tirar demasiado de la correa; suelen pasar mucho tiempo esperando y tienen que dejar de ladrar cuando se lo mandamos; deben acudir cuando los llamamos y mantenerse apartados de muchas cosas, si así lo deseamos. Los perros no pueden irse por ahí, no pueden hacer sus cosas en la vivienda ni tocar ningún objeto de la casa. Tienen que adaptarse al estilo de vida de nuestros hijos y de la sociedad. En una palabra, tienen que aprender a reconocer las órdenes, a percibir los límites, a comportarse y a amoldarse.

3.
Los animales en los mitos, en los cuentos y en los medios de comunicación infantiles

Al siempre vigilante dragón
solo le queda con hierbas dormir.
(Ovidio, *Las metamorfosis,* libro VII)

Mitos y culturas

Quien conozca bien los mitos antiguos sabrá que en la época en que surgieron existía una estrecha relación entre los hombres y los animales, pues éstos tenían una gran importancia para la vida de aquéllos. Los animales constituían una parte integrante de sus mitos y ejercen un fuerte influjo en los niños.

La mayoría de las religiones antiguas veneraban a animales, a los que atribuían poderes curativos y sobrenaturales. En el Egipto faraónico, el dios Anubis, que ejercía de médico, tenía cuerpo de hombre y cabeza de chacal. Después de que Osiris fuera descuartizado por su hermano Seth y su cuerpo desparramado por todo el mundo, Anubis recogió los trozos del cadáver y los recompuso para momificarlos.

El perro y la serpiente flanquean a la diosa mesopotámica Gula, que era igualmente una gran sanadora. Gula era la divinidad protectora de los perros y recibía a menudo perros de barro como regalo.

Asimismo, en *Las más bellas leyendas de la antigüedad clásica,* de Gustav Schwab y Josef Guggenmos, leemos que las serpientes y los perros eran símbolos sagrados de los dioses griegos. Millones de niños han leído estas leyendas y saben que la serpiente que se enrosca alrededor de la vara de Esculapio es el símbolo de los médicos. Algunos conocen también la leyenda según la cual los enfermos solían peregrinar a Epidauro para visitar el sarcófago de Esculapio, el hijo del dios de la medicina. Según se cuenta, la divinidad, con forma de perro, iba a ver a los peregrinos dormidos, a quienes lamía los miembros enfermos y curaba de esta manera. Por esta causa, y según otras fuentes, los habitantes de Epidauro tenían perros a los que amaestraban para que lamieran a los peregrinos. Abundan las representaciones que documentan tales logros terapéuticos. Así, un joven ciego recuperó la vista después de que un perro le lamiera los ojos. También el escritor romano Plinio describe unas curaciones parecidas.

Ya en la Edad de Bronce se usaban como juguete unas carracas de barro con cabeza de zorro, pájaro o perro. También se han descubierto cocodrilos y leones de madera que datan de varios miles de años antes de Cristo.

Sin embargo, no siempre se representa a los animales como amigos o compañeros de juego. Éstos también pueden representar el peligro. En los siglos XVII y XVIII, el oso, por ejemplo, que posteriormente se iba a convertir en el famoso osito de peluche, era el animal más peligroso de Norteamérica. Junto con los lobos, constituía un peligro real. En el cuento musical de Sergei Prokofiev *Pedro y el lobo*, el joven Pedro recibe frecuentes advertencias del peligro de este animal.

Fábulas para adultos

Originariamente, las fábulas de animales no pertenecían a la literatura infantil, sino que se escribían para el entretenimiento de los adultos. Las fábulas de Esopo y de La Fontaine se dirigían exclusivamente a los adultos. En ellas, los animales juegan un papel fundamental: actúan y hablan como seres humanos, y parece que sostengan un espejo ante nuestros ojos. Al erigirse en símbolos de la conducta humana, nos hablan de la astucia, la vanidad y la sensatez: el astuto zorro consigue arrebatarle el queso a una corneja tonta y la tortuga gana la carrera que le disputa al conejo.

Las fábulas de animales son una crítica a los comportamientos humanos y, por regla general, los niños no entienden ni saben interpretar sus enseñanzas: sólo los adultos reconocen, en el mejor de los casos, su doble sentido.

Cuentos llenos de misterio

Los cuentos tienen muy buena acogida entre los niños; por lo general, no hay necesidad de explicarles su sentido. Gracias a los cuentos, los niños aprenden, entre otras cosas, que los animales y los humanos deben respetarse mutuamente.

En los cuentos de los hermanos Grimm hay muchos animales cuyos secretos fascinan a los niños. A menudo aparecen personas embrujadas y metamorfoseadas. Hoy se ha popularizado el dicho de que «hay que besar a muchas ranas para dar con un príncipe». En un cuento de los Grimm, por ejemplo, doce hermanos se transforman en cuervos antes de volver a adoptar forma humana. En el cuento *Los seis cisnes*, seis hermanos son transformados en cisnes, y sólo la hermana puede romper ese hechizo. ¿Cómo? Cavando durante seis años y tejiendo camisas con hierba estrella para los hechizados. De manera parecida, en el cuento americano *La serpiente del mar* una muchacha se casa con una serpiente y, para su dicha, ésta se transforma en un apuesto joven.

Sea cual sea la interpretación que se haga de los cuentos, los niños suelen entusiasmarse con las extraordinarias historias que se cuentan en ellos, se sienten emocionalmente involucrados y se alegran del final feliz. Los niños rebosan de auténtica alegría cuando el bien vence definitivamente al mal.

Naturalmente, los niños imaginan que son capaces de comprender el lenguaje de los animales. En el cuento *La serpiente blanca,* un rey cuya sabiduría es famosa en todo el país manda que, después de cada almuerzo, le traigan un plato cuyo contenido nadie conoce. Un sirviente que siente especial curiosidad descubre, un día, el secreto. Levanta la tapa de la sopera y, en el fondo, ve una serpiente blanca. Inmediatamente siente la tentación de probar un poco. Apenas lo ha hecho, descubre que es capaz de entender el lenguaje de los animales. Existen muchos cuentos y relatos que tratan de este antiquísimo anhelo de entender a los animales. Hoy, gracias a la ciencia, estamos un poquito más cerca de ver cumplido este sueño, pues los estudios sobre la comunicación entre los hombres y los animales están deparando grandes sorpresas. Sin embargo, siempre ha habido personas que conocen particularmente bien el lenguaje de los animales.

Historias de animales emotivas

En la mayoría de los libros, los animales juegan un papel particularmente simpático, como *Milú* en las aventuras de Tintín o *Ideafix* en las de Astérix.

A los niños les encanta tararear canciones populares que hablan de animales. Juegan al conejo y al erizo y se enfrascan en cualquier libro con animales que caiga entre sus manos. A menudo se sienten habitantes del mundo animal y se identifican con Mowgli, el niño criado por lobos y que se comporta como los demás animales del *Libro de la selva,* de Rudyard Kipling.

En dichos relatos, los niños experimentan cómo es parecerse a un animal. Algo así le ocurre al pequeño Stuart, que, en la película *Stuart Little,* según la novela homónima de E. B. White, tiene cuerpo de ratón.

Los Little, que viven en una casa muy pequeña, adoptan a un niño. Para su sorpresa, resulta que el nuevo miembro de la familia es un ratón, el cual responde al nombre de Stuart. El hijo, George, reacciona de manera negativa a la presencia de su nuevo hermanito. Al gato Snowbell le cuesta mucho trabajo aceptar que su «alimento» se haya convertido ahora en su «amo». Decidido a echarlo de la casa, contrata a dos ratones, pero éstos resultan ser los padres naturales de Stuart, por lo que éste se siente atraído por ellos. Snowbell reconoce su error, pues el que más ha acusado la separación es, precisamente, George. Tras una loca persecución por Central Park, Nueva York, el gato no sólo se reconcilia con Stuart, sino que además lo reconoce como un miembro más de la familia Little.

En su mundo, los niños necesitan relacionarse con distintos tipos de animales, para lo que adoptan también distintos papeles.

Los niños interactúan con los animales con una actitud lúdica, y lo hacen incluso con animales que hace tiempo que desaparecieron de la faz de la tierra: son capaces de revivir los combates y los conflictos entre el brontosauro y el tiranosaurio Rex a través de figuras de plástico. Los niños se crean su propio mundo, y en este mundo existen dinosaurios entre los cuales se mueven a sus anchas. En sus juegos, tanto los poderosos como los desvalidos tienen un papel. También les gusta dotarse de poderes sobrenaturales, lo cual explica que los dinosaurios casi siempre acaben vencidos.

Por una parte, los animales extraordinarios como Godzilla, King Kong o los dinosaurios de *Parque Jurásico* ejercen sobre los niños una gran fascinación; pero, por la otra, también les infunden miedo y espanto. Detrás de la fascinación y del embeleso late, a menudo, el hálito de lo terrorífico. Por eso, en muchos cuentos, los animales desempeñan el papel de protectores o acompañantes de los niños. Un bonito ejemplo de ello es la novela *Julie y los lobos*, de Jean Craighead George. Para huir de un matrimonio arreglado, una niña inuit escapa a la tundra, donde lucha para sobrevivir, hasta que finalmente es adoptada por una manada de lobos. En el libro *La isla de los delfines azules*, de Scott O'Dell, la protagonista crece igualmente entre animales: una niña india se queda rezagada en una isla poblada sólo por animales y poco a poco, va consiguiendo adaptarse a la vida en libertad. Años después, una embarcación se la lleva de la isla.

Este tipo de historias ayudan a romper las barreras entre los niños y los animales. Éstos enseñan, protegen y se ocupan de aquéllos. Pero también se puede dar el caso inverso. En la película *Volando libre,* son los animales los que son salvados, y en *Liberad a Willy,* el pequeño Jesse se emplea a fondo para liberar a una ballena orca.

En las películas de animales, el mensaje se transmite a menudo de manera más impactante que en los relatos escritos. Por ejemplo, las películas *Aventuras en Alaska, Los 101 dálmatas* y *Buscando a Nemo* han perjudicado, incluso, a sus protagonistas, los husky, los dálmatas y el pez payaso, por la terrible mercadotecnia que se creó para estos animales, a pesar de que no son compañeros de juego adecuados para los niños. Los dálmatas y los husky se integran en las familias mucho más difícilmente que otras razas, y no parecen demasiado «infantiles». Por su parte, el pez payaso no se adapta a la vida en un acuario.

Otras películas, como *Babe, el cerdito valiente, Evasión en la granja* y *Dr. Dolittle,* invitan a los niños a interesarse por los animales y a comprender sus problemas. Aunque tales películas carezcan a menudo de esta intención, consiguen avivar el amor de los niños hacia los animales, al tiempo que despiertan sentimientos infantiles en los espectadores.

Así, la película *Babe, el cerdito valiente* transmite, al comienzo, el mensaje de que los cerditos, que son unos animales especialmente queridos por los niños, se convierten enseguida en huérfanos cuando sus madres son llevadas al matadero de forma brutal. Al ver esto, los niños piensan automáticamente en lo mal que deben de sentirse estos lindos animalitos, y, al mismo tiempo, en lo mal que se sentirían ellos también en caso de encontrarse en semejante trance.

Nuevos medios de comunicación fascinantes

Susanne, que tiene catorce años, se ha roto una pierna esquiando. En el hospital, se sienta en el borde de la cama y acerca la mesa del ordenador. Se conecta a Internet y empieza a chatear, para lo cual decide adoptar la identidad de un poni plateado.

Internet y el mundo cibernético brinda a los niños la posibilidad de adoptar la identidad de un animal. Los niños se zambullen mejor que los adultos en ese mundo de animales que padres y educadores les ayudan a descubrir mediante cuentos, juguetes, material filmado, etcétera. Cuando ya han crecido, esta identificación deja de existir. A los niños les gusta huir mentalmente a un mundo animal imaginario, y a los más pequeños les encanta compararse con animales cuyos nombres conocen, a menudo, desde su más tierna infancia. Cuando crecen, parecen haberse olvidado de estas experiencias y de la costumbre que tenían de expresarse a través de metáforas y de cuentos, en los cuales el papel del animal es tan importante.

Los peluches

Desde principios del siglo pasado, sobre todo, los animales de trapo son unos acompañantes habituales de los niños. Apenas hay un niño que no posea algún tipo de peluche. Incluso algunos jóvenes y personas adultas guardan sus peluches con cariño. Éstos son más queridos que las muñecas, pues suelen parecerse muchísimo a los animales reales. En esto, el oso juega un papel muy especial.

La historia del oso de peluche se remonta al año 1902, merced a un oso marrón de verdad. Ocurrió cuando el entonces presidente estadounidense Theodore Roosevelt viajó a Missouri para zanjar un asunto relacionado con querellas fronterizas. Mientras se encontraba allí, un día fue a cazar, pero no tuvo suerte. Entonces llevaron ante su presencia a un osito atado y le propusieron que disparara sobre el animal. El presidente se negó en redondo: no podría seguir mirando a sus hijos a la cara. El *Washington Post* se hizo eco del suceso y, para regocijo de los lectores, publicó una caricatura en la que Roosevelt aparecía con los brazos cruzados al lado de un osito encantador.

Entonces, en su versión de trapo, el oso se convirtió en el juguete más famoso. Ya en 1907, el fabricante Steiff vendió más de un millón de ositos de peluche en Europa. Y todavía hoy rige la norma de que cada niño debe tener un genuino osito Steiff. El oso como símbolo pasó a ser sinónimo de infancia; de lo contrario, el oso pardo no habría podido convertirse nunca en el osito de peluche que conocemos.

Una vez, después de un ataque homicida en una escuela de Estados Unidos, los escolares y los padres se mostraron renuentes a volver a entrar en el edificio. Un psicólogo del National Emergency Asssitance Team encargó entonces una remesa de ositos de peluche que fueron luego colocados en los pupitres de cada uno de los niños. Cuando éstos se enteraron, decidieron vencer el miedo y volver a entrar en el recinto. Por eso, en Kentucky hay, actualmente, un osito de peluche en todas y cada una de las ambulancias del estado.

En la cama, o en brazos de un niño, el peluche hace a menudo el papel del afecto de los padres: conjura el miedo, presta consuelo, sirve de acompañante y protector y, con frecuencia, ejerce incluso de talismán. Escucha pacientemente, y en manos de un niño es capaz de hablar y de expresar sentimientos. Los niños. en particular, se identifican rápidamente con los peluches.

Así, en psicología infantil se estudia un sencillo proceso de proyección en la imagen de un regordete oso de peluche llamado Rudi. Éste acude a la escuela a regañadientes y allí padece todos los infortunios que puede padecer cualquier niño. En los exámenes saca notas bastante malas y no se atreve a volver a casa, o copia de otros compañeros y lo pillan in fraganti. Cuando los alumnos ven estas historietas, se identifican con él. Se sienten identificados y proyectan sus sentimientos y temores sobre el oso. Entienden perfectamente lo que le pasa y cómo se siente. Cuando describen los problemas y pensamientos del osito, están contando su propia historia.[4]

A mediados de los años noventa, la industria de juguetes introdujo los tamagochis aprovechando la afición de los niños por los peluches. Tan sólo en Estados Unidos se vendieron cuatro millones y medio de tamagochis, considerados como «mascotas» y, como tales, eran cuidados con mimo por los niños. Pero, contrariamente a los peluches, a los tamagochis hay que darles cuerda, alimentarlos y atenderlos regularmente. En la actualidad, los tamagochis han caído prácticamente en el olvido, pues en el fondo son unos juguetes técnicos, mecánicos, que no pueden sustituir a los peluches ni a los animales de verdad.

4.
Por qué los niños necesitan a los animales

Todos los niños deberían tener dos cosas: un perro,
y una madre que les deje tener un perro.
(Anónimo)

Un niño lactante puede seguir de manera entrecortada los movimientos de un objeto que se mueve despacio. Cuando el niño tiene unos cuatro meses, puede seguir con los ojos cualquier movimiento sin interrupción. Un niño pequeño puede observar cosas con mucho detenimiento, como si estuviera preguntándose: «¿qué puedo hacer yo con eso?»

En el transcurso de un paseo, tuve ocasión de fijarme en la manera en que Sven, un niño de dos años de edad que prefería ir en cochecito a ir andando, observaba a mi perra. La estuvo mirando tranquilamente durante todo el rato, y la seguía con los ojos mientras examinaba también el entorno en el que la perra se movía. No mostraba el menor interés por las demás cosas. Eran asombrosos el sosiego y la tranquilidad con que el pequeñín seguía los movimientos de la perra, sin dejarse distraer por nada.

Los objetos y los animales tienen una forma concreta para

los niños desde que éstos tienen ya un año de edad. Un bebé puede reconocer formas distintas y saber también si se trata de un objeto vivo o de un objeto inerte.

En un experimento se confrontó a varios niños pequeños con animales de verdad y con animales de juguete. Para ello, se eligió a perros de juguete que corrían, meneaban la cola, se sentaban y ladraban, junto con gatos también de juguete que maullaban y ronroneaban cuando se los acariciaba. En su gran mayoría, los bebés se decantaron por los animales de verdad. Casi todos salieron corriendo detrás de ellos con un gran alborozo. Por su parte, también los animales reaccionaron a la presencia de los niños —más los perros que los gatos—. Empezaron a olisquearlos, y reaccionaban cuando los llamaban. Se tumbaban boca arriba para que les acariciaran la barriga, o bien les lamían la cara. Este experimento demostró de manera irrefutable que los niños prefieren los animales vivos a los artificiales.[5] No era la novedad, el movimiento o el ladrido del perro mecánico lo que interesaba a los niños, sino la interacción con el animal vivo, que reaccionaba de manera específica al comportamiento de cada niño. Se trataba de una interacción entre distintas especies de seres vivos que mostraban un interés recíproco.

Los niños pequeños también reaccionan de manera positiva ante la presencia de animales que no son sus mascotas. En otro experimento llevado a cabo en una zona infantil, se confrontó a varios bebés de nueve meses con un conejo enano, una tortuga de madera que se movía y emitía ruidos propios y con una joven estudiante que no pertenecía a la familia de ninguno de los niños. Cuando los bebés vieron al conejito, dejaron rápidamente la posición junto a sus madres y salieron corriendo hacia el animal. Cuando vieron a la estudiante, permanecieron junto con las madres, sonriéndole desde una distancia prudencial. También se interesaron por la tortuga móvil, pero se fijaron en el conejillo durante mucho más tiempo y con mayor intensidad. La fuerza de atracción del animalito vivo era mucho mayor. Como decimos, al ver al animal de verdad se alejaron de sus madres y mostraron un gran deseo de estar cerca de él. Parecían darse cuenta de que el conejillo, al que no habían visto nunca antes, era un ser vivo dotado de sentimientos.[6]

La reacción que muestran los niños no es la misma ante las diferentes especies de animales. Así, por ejemplo, en una guardería, les llevaron a los niños, en días distintos, una tarántula mexicana, un conejo de angora de dos años y medio, un golden retriever de cinco años, un papagayo y dos peluches que parecían de verdad –un perro y un pájaro–. Casi todos los niños (80%) hicieron caso omiso de los peluches, en los que no se fijaron ni una sola vez. Los animales vivos, en cambio, captaron toda su atención, si bien cada uno de manera distinta. Así, solo el 10% de los niños cogieron la tarántula, que estaba dentro de un terrario. El 74% tocaron al perro, que estaba sentado delante de ellos. Dos tercios de los niños hablaron con el papagayo, pero solo el 16% se entretuvieron con el conejo, y nadie le habló a la tarántula.[7]

Todos los niños se entretuvieron con la araña, el pájaro y el perro, en los que fijaron la atención de manera distinta; a saber, mediante una interacción directa o indirecta (preguntas y conversaciones sobre el animal).

> Un viejo indio cheroqui que le estaba enseñando a su nieto el sentido de la vida, le dijo: «En mí se produce una lucha. Una lucha reñida, terrible, entre dos lobos. Uno representa el mal, la ira, la envidia, las preocupaciones, las penas, la arrogancia, la autocompasión, la culpa, los prejuicios, las mentiras, el orgullo, la presunción. El otro representa el bien, la alegría, la paz, el amor, la esperanza, la bondad, la afabilidad, la empatía, la magnanimidad, la honradez y la fe. La misma lucha se produce en ti. Y en cada uno de los humanos». El nieto estuvo reflexionando un buen rato y al final preguntó: «¿Qué lobo va a ganar?» El viejo cheroqui contestó: «El que tú alimentes».[8]

No es necesario educar a los niños para que les gusten los animales. Han nacido con una simpatía natural hacia ellos, una simpatía que va creciendo o disminuyendo en el transcurso de la vida, según la influencia que los adultos ejerzan sobre ellos. Es tarea de todo educador fomentar el amor y el interés de los niños por los animales y educarlos para que los respeten y los traten de manera responsable. Esto redundará en el bien de los animales, pero también en el de los niños y de la sociedad en general.

Muchas veces, la percepción que tenemos de los animales y la simpatía que sentimos por ellos cambian con la edad. Para los niños pequeños, el animal es, por regla general, un ser al que desean coger. Lo táctil juega un papel importante.

En la elección de la mascota, los padres deben tener esto en cuenta.

Conforme los niños se van haciendo mayores, empiezan a experimentar al animal más bien como a un amigo y compañero de juegos. Entonces depende de la familia y del entorno la manera en que va a producirse su interacción con el animal. Conviene tener presente que no todas las mascotas tienen el mismo efecto en cada niño, y viceversa.

Generalmente, yo procuro que los niños hiperactivos fijen la atención en mi perra *Fly*, una border collie. A todos los niños, independientemente de la edad, les cae bien *Fly*. Pero ella muestra preferencia por unos niños más que por otros, sin que siempre se pueda determinar la razón. De manera parecida, también hay niños que muestran por ella más interés que otros. A unos les gusta estar sentados siempre a su lado y acariciarla todo el rato, mientras que otros se contentan simplemente con mirarla.

Los animales son un complemento de las relaciones que el niño tiene con otras personas. Todos los padres conocen la siguiente situación. Su hijo llega furioso de la escuela. Le han insultado, escupido, empujado y pisoteado. Y no desea otra cosa que hacer lo mismo. Ahora se comporta también con su madre de manera agresiva; se muestra seco, insolente, y apenas si se le puede hablar. En tales casos, muchos niños vuelcan sobre sus mascotas la rabia que sienten. Pero, como los perros –por poner un ejemplo– muy raras veces reaccionan y contestan «de mal humor», el niño tiene entonces la oportunidad de cambiar su conducta agresiva por otra más equilibrada y afable. Así pues, el animal puede ayudar a dominar emociones fuertes y a sobreponerse a conflictos y peleas. Naturalmente, también puede ocurrir que los niños sigan mostrándose agresivos con su mascota y no refrenen sus sentimientos; entonces se desfogan con alguien que es más débil y dependiente, con lo cual no hacen sino reforzar su conducta agresiva. Si los padres observan semejante conducta, deben intervenir enseguida y proteger al animal.

¿Cómo repercute el haber tenido una mascota durante la niñez, y el influjo que ésta haya podido ejercer, en el concepto que se forma alguien de sí mismo en la edad adulta?

Las personas que en la niñez tuvieron una relación estrecha con su mascota encuentran menos dificultades para mantener una relación interpersonal positiva que otras personas. Naturalmente, el mero hecho de tener una mascota no significa tener una conducta social favorable. Otros aspectos influyen también de manera importante. Por ejemplo, ¿cuándo regalaron los padres la mascota? ¿Había en ese momento problemas especiales en la familia? ¿Qué intenciones tenían los padres al hacer dicho regalo? ¿Tenían una idea pedagógica específica?

Actualmente, sabemos que los perros pueden corregir y solucionar problemas en las relaciones entre padres e hijos. Pueden complementar la educación de los padres cuando existe algún tipo de déficit. Los perros poseen muchas cualidades que a los niños les gustaría encontrar en sus padres y que no siempre encuentran. Los niños aprenden enseguida que, a diferencia, por ejemplo, de los perros, los seres humanos pueden defraudar. Los perros son unos compañeros ideales para comunicarse con ellos cuando los adultos no son sensibles a las situaciones de sus hijos por causa de algún problema (separación, desempleo, enfermedad, etcétera). El niño puede contárselo todo a su perro, confiar en él y sentir así consuelo.

Reinhold Bergler, del Instituto de Estudios Empírico-Sociales de la universidad de Bonn, ha estudiado de manera sistemática cómo viven los niños la relación con su perro.[9] Para ello, realizó una encuesta entre trescientos niños y adolescentes. En su mayoría, éstos se manifestaron de la siguiente manera:

- Cuando vuelvo de la escuela, mi perro se alegra y me saluda.
- Me divierte mucho jugar con mi perro.
- Con mi perro tengo siempre muchas vivencias bonitas y alegres.
- Disfruto pensando en mi perro porque creo que él disfruta pensando en mí.
- A mi perro puedo contárselo todo.

Y más de dos tercios declararon:

- Mi perro me entiende mejor que muchos adultos.
- Mi perro es mi mejor amigo.

En caso de enfado, conflicto o pelea con los padres, los niños suelen padecer una fuerte presión psíquica, y entonces necesitan de un interlocutor a quien poder confiar sin miedo lo que les preocupa. En este orden de cosas, los niños encuestados contaron también cuál era el contenido de las «conversaciones» con su perro.

- La mayor parte de los niños le cuentan a su perro «secretitos».
- Cuando algo realmente los molesta, se lo cuentan todo.
- La mitad de los encuestados le cuentan al perro los enfados y las disputas que han tenido con la familia, con los amigos y en la escuela.
- Muchos niños le cuentan sus experiencias más bonitas.
- Sólo un tercio de los niños no le confían al perro ningún secreto.[10]

Las mascotas parecen, pues, ejercer de estabilizadores de la experiencia y de la conducta infantiles. Contribuyen a fomentar la alegría y a eliminar la tristeza y las sensaciones de amenaza. En el trato con los animales, aprendemos muchas cosas de manera natural y sin constantes explicaciones, pero con una elevada motivación. Asimismo, aprendemos y experimentamos muchas cosas que se pueden trasladar a nuestra interacción con los demás.

5.
Los animales, miembros de la familia

El perro solo tiene un objetivo en la vida:
regalar su corazón
(Anónimo)

¿Cuándo aceptan los padres la petición de su hijo de tener una mascota?

Cuando ellos mismos tuvieron, de niños, una mascota, atienden a la petición con mayor facilidad. Si el niño expresa frecuentemente su deseo de tener una mascota —si no deja de hablar de ello—, los padres suelen llegar a la conclusión de que se trata de un proyecto que hay que tomar en serio y, en consecuencia, se muestran más dispuestos a aceptar a un animal. Si, además, creen que una mascota puede tener una influencia favorable en el desarrollo social del niño, su buena disposición puede incluso verse aumentada.

Según Reinhold Bergler, los progenitores —sobre todo las madres— se proponen las siguientes metas, pensando particularmente en el desarrollo social del hijo: a más del 90 % les gustaría ver reforzado el sentido de la responsabilidad y del deber de su hijo, así como el amor a los animales y la sensatez. A más del 50 % les gustaría que se fomentaran los lazos con la naturaleza, la conducta respetuosa, la alegría vital, la comprensión para con el prójimo, la paz interior, el equilibrio psíquico, la autonomía personal, la tolerancia, la sensibilidad y el optimismo. Y a más del 40 % les gustaría ver reforzada la comprensión no verbal hacia los demás y la dimensión familiar.[11]

Así pues, aceptar la llegada de una mascota no tiene que ver solamente con la simpatía hacia el animal o con su aspecto y su conducta. Se trata, claramente, de un proceso de decisión que tiene en cuenta distintos criterios, incluida la propia biografía de los padres. Entre el 40 % y el 60 % de los padres con hijos pequeños tienen un animal. Y el porcentaje de las familias con niños en edad escolar que tienen una mascota es aún mayor.

A causa de su carácter afectuoso, los perros son, con gran diferencia, las mascotas preferidas. En este sentido, hay que recordar también que el 60 % de los mordiscos producidos por perros son imputables a los propios niños. Los que tienen menos de seis años suelen tratar de manera bastante brusca a los animales. Sobre la base de grabaciones de vídeo, se ha constatado que los niños de dos años incomodan a su mascota una vez cada seis minutos. Los perros reaccionan generalmente con mucha paciencia, gruñen un poco y sólo se defienden muy raras veces, mientras que otros animales que sufren ataques de parte de los niños no muestran la misma comprensión. Sin embargo, la conducta agresiva hacia los animales disminuye enseguida entre los niños de mayor edad.[12]

En la actualidad se cuenta con que el 90 % de los niños poseen una mascota. Y con que éstos prefieren crecer con un animal antes que con un hermano o con el padre.

La mayor parte de los progenitores están convencidos de que las mascotas fomentan el sentido de la responsabilidad de sus hijos. Los niños se ven obligados a aprender a cuidar de un animal. Es una opinión que comparten sobre todo los adultos que han tenido una mascota: creen que el niño que tiene un animal se educa mejor.

Una vez que el animal entra a formar parte de una familia, ésta decide qué función debe desempeñar. Muchos tienen un perro guardián sujeto con una cadena. Otros reservan a su periquito o papagayo un lugar en la mesa misma del comedor. Hay también quien coloca un acuario en el salón. Pero, sea como fuere, la mayoría de quienes tienen una mascota la ven como un miembro muy importante de la familia. Muchas personas festejan incluso el aniversario del animal, o enmarcan su foto o la llevan en la cartera. Hay quienes los llevan también físicamente con ellos cuando van a visitar a un amigo o pariente. El 66 % de todos los perros y el 54 % de todos los gatos reciben un pequeño regalo para navidad. Durante los días previos a la navidad, mi vecina, por ejemplo, confecciona un calendario de Adviento para sus dos conejillos de indias. Cada día, éstos abren una puertecilla de dicho «calendario». Dentro hay un obsequio, que devoran con entusiasmo.

Los dibujos infantiles suelen dar testimonio también del importante papel que juegan los animales en la familia. Por ejemplo, en un dibujo de la familia la mascota se suele pintar con muchos colores y ocupando el lugar central.

Hablar con los animales

Son muchos los adultos —pero raros los niños— que cuando hablan con un animal lo hacen con un tono especial, comparable al que se emplea cuando se habla con un bebé. Las madres, utilizando una tesitura más aguda, hacen pausas, articulan muy despacio y adoptan un lenguaje muy sencillo. Por su parte, el bebé y la mascota responden con un lenguaje corporal y con sonidos. Los adultos interpretan y traducen esta comunicación no verbal y la descodifican igual que si se les hubiera transmitido un lenguaje. En cambio, los niños pequeños hablan desde los tres años con su mascota de igual a igual.

Los adultos hablan con animales (perros, pájaros, gatos, etcétera) de la manera siguiente:

- Acercan la cabeza al animal, lo tocan y muchas veces lo acarician. Parecen asociar la conversación con el tacto.
- Le hablan en voz baja al animal, con una especie de susurro confidencial.
- Los músculos faciales están distendidos.
- Por regla general, tienen los ojos medio entornados y esbozan una sonrisa beatífica que recuerda a la Mona

Lisa de Leonardo da Vinci. La expresión facial de ésta parece ser el prototipo.

Pero cuando hablan con bebés,

- los ojos están curiosamente más abiertos y los músculos faciales más tensos;
- las madres utilizan numerosas palabras para hacer más comprensible lo que dicen y evitan expresarse de manera vaga o poco precisa.
- no suelen tocar al bebé mientras le están hablando.

Cuando los pequeñines hablan con animales emplean parcialmente el patrón de comunicación que los adultos utilizan con ellos: les hablan de manera muy clara y les explican las cosas muchas veces. Con animales más pequeños, semejante diálogo se produce con menor frecuencia. Se ha observado que los niños en edad preescolar raras veces entran en contacto con los pájaros, conejos u otros animales igualmente diminutos.

Muchos niños dicen que sus animales les pertenecen una vez que les han confiado algún secreto o les han hablado de sus miedos y enfados. Según un estudio realizado con niños de entre siete y diez años, éstos les cuentan a sus mascotas las mismas cosas que a sus hermanos; es decir, sus distintas experiencias, ya sean tristes, alegres, secretas o angustiosas.

Los animales callan y se pegan físicamente a los niños para que éstos les abran su corazón. La actitud alerta de un perro, con los ojos abiertos de par en par, la de un gato o la de un conejo parecen expresar que su capacidad de comprensión es aparentemente ilimitada. Aceptan acríticamente todo lo que les cuentan, no llevan nunca la contraria, muestran empatía y parece como si pidieran ulteriores explicaciones. Incluso cuando se hacen mayores, los niños siguen confiando las cuitas a sus mascotas. Aunque saben que los animales sólo entienden su lenguaje hasta cierto punto, los tratan como si tuvieran acceso a la comunicación oral.

Puesto que existe toda una serie de variedades de comprensión no verbal, se puede afirmar que la inteligencia emocional de los niños se ve precisamente fomentada por dicha clase de comunicación. Así, un gato se pega cariñosamente a un niño y ronronea mientras éste está viendo una película en la televisión. Otro niño se pone el abrigo y la capucha y mira expectante a su perro, que ya le espera en la puerta, preparado para dar un paseo. Ambos se entienden sin necesidad de palabras. Daniel Goleman cree que de este modo están expresando sentimientos. Los perros fomentan la inteligencia emocional de los niños, pues los hace más sensibles a las emociones ajenas. Sin embargo, aún no existe ningún estudio empírico que apoye estas suposiciones. Con todo, se ha comparado la sensibilidad emocional de niños que viven con animales y sin ellos, y se ha constatado que los que tienen mascotas son más empáticos y adivinan antes cómo se sienten las demás personas en diferentes situaciones.

Cuidar de los animales

Frente a la actual caída de los índices de natalidad, cabe preguntarse qué influjo ejercen las mascotas en los niños que crecen sin hermanos.

Según un estudio comparativo, se ha constatado que en otras culturas los hermanos mayores suelen cuidar de los más pequeños y hacer buena parte de las tareas domésticas. Esta situación puede llegar incluso hasta el punto de que los mayores se encarguen de dar de comer a los más pequeños. Como hemos dicho, en Europa, el número de hijos únicos no deja de aumentar. Ante este panorama, los animales desempeñan a menudo la función de hermanos.[13] ¿Cómo es la relación de los niños con sus mascotas?

A partir de un seguimiento por vídeo durante 24 horas al día, se ha demostrado que los niños que viven con mascotas emplean un promedio de 10,33 minutos al cuidado de su mascota, mientras que emplean un promedio de 2,45 minutos en cuidar de sus hermanos o en jugar con ellos. Si en la familia hay un bebé y una mascota, los niños se ocupan cinco veces más del animal que del bebé. Semejantes resultados permiten hacer varias suposiciones:

- A los padres no les gusta que los hermanos se ocupen del bebé porque quieren evitar la posibilidad de que se vean desbordados.
- El bebé es experimentado como un rival.
- No se suele partir de la posibilidad de que un herma-

nito se ocupe del bebé, pues la alimentación de un niño pequeño está socialmente vista como una tarea propia de mujeres. No está bien visto que un niño se ocupe de un bebé. En cambio, si se ocupa de un animal, nadie habla de una conducta particularmente «femenina».

En el transcurso de una encuesta en la que se preguntaba quién debía ocuparse de un bebé, enseñaron a unos niños pequeños varias fotos de hombres y mujeres. En su gran mayoría, los niños señalaron las fotos de mujeres. En cambio, preguntados sobre el cuidado de un animal, el resultado fue bien distinto: el número de fotos de mujeres se igualó prácticamente al de las fotos de hombres. Así pues, el cuidado de un animal no parece restar «masculinidad». Lo cual convierte el cuidado de un animal en un campo de entrenamiento en el que se aprende a prestar atención a otro ser, a protegerlo y a reconocer sus necesidades.

Asimismo, un estudio realizado en Inglaterra ha mostrado que los niños que tienen que cuidar de una mascota se comportan de manera más empática y responsable que los que no tienen ninguna.

Los animales nos consuelan

Las mascotas están consideradas unas acompañantes fiables y fieles de los niños. Siempre se muestran a su disposición, y los niños siempre las invitan a participar en sus juegos. Por ejemplo, un perro puede, casi durante un tiempo indefinido, llevar palos y piedras en la boca, recoger pelotas, cazar al aire un frisbi o mostrar cualquier otra habilidad. Por su parte, los gatos pueden recostarse sobre un escritorio para estar así cerca de su amo o de su ama. Los animales no hacen ruido mientras los niños están haciendo los deberes, viendo la tele, jugando en el ordenador o simplemente entregándose a sus pensamientos y ensueños. En todos estos casos, su función es tan sencilla como importantísima: estar simplemente ahí. De manera muy distinta a un juguete, la televisión o un vídeo, las mascotas están físicamente cerca de los niños y les transmiten la sensación de no que no están solos. Entre el animal doméstico y su dueño se establece, así, una relación de reciprocidad.

Recientes investigaciones sobre la rutina cotidiana de los niños y adolescentes han demostrado que el tiempo libre se reduce cuando el ritmo de vida de los padres es frenético y estresado. La situación en casa repercute claramente en el tiempo libre y en el juego de los niños. Si se vive sin planificación y de manera desestructurada, los niños suelen reaccionar de manera agresiva. También aquí, los animales desempeñan una función compensatoria, puesto que no se dejan influir demasiado por los conflictos humanos: no reaccionan ante ellos ni los comprenden. Así, un niño puede ser muy irascible, impaciente y agresivo, estar muy enfadado, enfurruñado o decepcionado, y comportarse así también con un animal; sin embargo, cinco minutos después, éste lo habrá olvidado todo.

Los animales hacen que los niños y los adolescentes se sientan menos solos, menos angustiados y menos abandonados. En una entrevista, el 79 % de los niños de cuarto curso manifestaron que siempre que estaban tristes se dirigían a sus mascotas. Los niños que están solos en casa se sienten menos angustiados y más integrados en su entorno cuando está su mascota con ellos. Y los niños maltratados, al igual que las mujeres violadas, sienten la presencia de una mascota como un consuelo. Las mascotas también ejercen una función consoladora cuando los padres se han divorciado, cuando la madre, el padre o un hermano están gravemente enfermos o mueren, o cuando el niño se muda de casa o sufre el impacto de algún otro suceso importante. También en los adolescentes se ha constatado que, frente a los que no tienen ninguna mascota, los que sí tienen alguna se relacionan mejor con sus padres, pasan más tiempo con la familia y, en consecuencia, encuentran más apoyo en ésta.

Amor con cuatro patas, o la paciencia tiene su recompensa

De Albert Payson Terhune, el famoso escritor de los libros sobre *Lassie*, se dice que a menudo contaba la historia de su amigo Wilson y de su perro Jack para demostrar lo grande que puede llegar a ser el afecto y la lealtad de los animales hacia los humanos.[14]

Wilson tenía un collie de seis años llamado *Jack*. Todos los días por la tarde iba a la estación a esperar a su amo, que volvía a casa en tren desde el trabajo. El perro y su amo practicaban este ritual ya desde que Wilson era aprendiz. El perro conocía con exactitud el camino de la estación. Recorrerlo, esperar y volver a casa con su amo era el punto crítico de su jornada.

Unos años después, a Wilson lo trasladaron. Puesto que su nuevo lugar de trabajo estaba ahora en California, creyó que lo más oportuno sería dejar a su collie *Jack* con unos parientes. Le explicó a su perro la nueva situación y le dijo que los dos tenían que acostumbrarse a una nueva residencia. Pero *Jack* no quería una nueva residencia, ni vivir con una familia nueva. Así, a pesar de que estaba alquilada, *Jack* volvió a la vieja casa de Wilson, donde pasaba la jornada junto a una silla abandonada en la veranda. Todas las tardes se iba a la estación meneando la cola. Wilson siempre había ido en el mismo tren desde el trabajo a casa, y *Jack* siempre había estado allí para recibirlo amigablemente. Pero pasaban las tardes, su «amo» no aparecía nunca en la estación y *Jack* volvía a casa disgustado. Embargado por una gran tristeza, dejó de comer y, poco a poco, fue quedándose cada vez más delgado, a pesar de lo cual todas las tardes acudía, puntual, a la estación para esperar al tren. Y todas las tardes volvía más triste todavía.

Finalmente, un amigo que vivía en el vecindario se sintió tan apenado que mandó un telegrama a California para informar a Wilson sobre el estado del perro. Sin demora, Wilson compró un billete de vuelta. Sabía lo que tenía que hacer. Antes de llegar a Filadelfia, esperó varias horas para coger el mismo tren que siempre había cogido cuando volvía a casa por la tarde. Cuando el tren entró en la estación, su collie *Jack* lo estaba esperando como siempre, mirando bien a todos los pasajeros que se apeaban. Miró lleno de esperanza a lo largo del andén. De repente, allí estaba su amo, lo que más quería en el mundo. ¡Por fin había vuelto! El mundo de *Jack*, y también el de su amo, estaba de nuevo en orden. Wilson se llevó a su fiel perro a California, y nunca más volvió a separase de él

Muerte y pérdida

Casi todos los niños se enfrentan a la experiencia de la pérdida de un animal querido cuando éste muere, se escapa o se pierde. Es muy probable que pierdan a su animal querido ya durante la infancia, pues por regla general los animales solamente viven unos pocos años.

Mi ahijado de diez años, Sven, me contó lo siguiente sobre su perra Mona:

Hace dos años, mi perra collie enfermó de artrosis y fue empeorando día a día. A *Mona* le costaba cada vez más trabajo levantarse de su cojín. Al principio, una vez que empezaba a moverse, la cosa todavía funcionaba; pero pronto llegó el día en que ya no podía correr detrás de ninguna pelota. *Mona* se arrastraba hasta el comedero y ya no podía subir las escaleras. Cuando ya no se podía contener para hacer sus necesidades y se ponía a gemir de pesar por haberse orinado en el salón, los padres del joven decidieron pedir a la veterinaria que pusiera fin a la vida de la perra de doce años. El día fatídico se fue aplazando una y otra vez, hasta que, finalmente, *Mona* padecía tanto que toda la familia la acompañó a la consulta de la veterinaria. El aspecto de la perra era de absoluta tranquilidad. *Mona* se acercó a todos y cada uno de los miembros de la familia y les lamió una vez más las manos, como si quisiera despedirse de esta manera. Luego se echó en el suelo, miró imperturbablemente a Sven, recibió la inyección, suspiró profundamente, meneó un par de veces más la cola y cerró los ojos. Mientras contaba la historia, a Sven se le saltaron las lágrimas. Pero siguió contándola, sin sentir ninguna vergüenza.

A menudo oímos decir que un año de vida de un perro corresponde a siete años nuestros. Esta regla no es del todo exacta. Cuando cumple un año, el perro ya ha alcanzado la madurez sexual. Siendo un cachorro, se desarrolla considerablemente más deprisa que un ser humano. He aquí, a modo de guía, una tabla que establece una comparación entre la edad de los caninos y la de los humanos.

Perro	ser humano
5 meses	10 años
8 meses	13 años
10 meses	14 años
12 meses	15 años
18 meses	20 años
2 años	24 años

A partir de los dos años de edad, un año canino se puede equiparar con cuatro años humanos. Así pues, un perro de tres años tiene la edad de un ser humano de 28. Cuatro años de un perro corresponden a 32 años de un ser humano, y ocho años de un perro, aproximadamente a 50 años de un ser humano.[15]

6.
Lo que un perro sabe hacer

Nuestro señor da a menudo sus más bellos y grandes dones
a los animales corrientes. Pero los hombres no los buscan en ellos.
(Martín Lutero)

No debemos humanizar a nuestras mascotas por muy cerca que estén de nosotros, por mucho que nos gusten —tal vez las mimemos incluso un poco— ni por muchas cosas que compartamos con ellas en nuestra vida cotidiana. A pesar de su estrecho contacto con los humanos, los animales siguen conservando sus propias cualidades: sus órganos sensoriales reaccionan con mucha mayor sensibilidad y empatía que los nuestros, si bien su inteligencia es inferior a la nuestra. Un buen ejemplo al respecto lo constituye el perro.

Los perros son buenos observadores

Los perros suelen presentir un terremoto mucho antes del primer movimiento de tierra. Llevan incorporado un complicado sistema de alarma. Varios días antes de un terremoto (y, como muy tarde, unas horas antes), empiezan a correr nerviosos de un lado a otro, ladrando, aparentemente sin motivo. Casi siempre intentan abandonar el lugar amenazado.

Así por ejemplo, en 1975 los perros avisaron a los habitantes de una ciudad china mostrando un comportamiento extremadamente nervioso. Unas horas después de que los habitantes fueran evacuados se produjo un fuerte terremoto que destrozó el 90 % de los edificios. Nadie sabe lo que habría ocurrido sin este aviso previo de los perros.

Todos los investigadores coinciden en el motivo por el que los perros parecen detectar los terremotos: está claro que oyen ruidos que son inaudibles para el oído humano y que perciben las sacudidas producidas en la superficie de la Tierra, por leves que éstas sean. Pero si el perro tiene el oído más desarrollado que el hombre, lo mismo cabe decir del olfato: los perros perciben olores que a nosotros nos pasan completamente desapercibidos.

Incluso existen perros que se emplean con fines terapéuticos. Por ejemplo, en el caso de los pacientes epilépticos, la función de los perros es la de alertar. Los perros poseen una sorprendente capacidad para avisar a sus amos antes de un ataque epiléptico, permitiendo así que se adopten las medidas preventivas pertinentes. Parece que los perros pueden prever los ataques hasta con una hora de anticipación: perciben los cambios químicos que preceden a tales ataques gracias a su finísimo olfato. Aunque, tal vez, ello se deba también simplemente al hecho de que son capaces de observar al paciente con sumo detenimiento.

Los perros entran en contacto con nosotros de manera no verbal e interpretan incluso nuestros gestos más pequeños. Acostumbran a saber por adelantado cuánto falta para el ansiado paseo o la ansiada comida, y también si va a haber una pausa. Así pues, perciben hasta las más mínimas señales que nuestro lenguaje corporal emite constantemente, puesto que en el transcurso de su evolución han aprendido que observar con precisión cuanto les rodea puede ser una ayuda decisiva para mantenerse con vida. Aunque, naturalmente, esto no quiere decir que posean un «sexto sentido».

Observé que mi perro se ponía nervioso siempre que nos acercábamos al lugar donde yo solía aparcar el coche y donde él podía expansionarse. Al principio, yo no me podía explicar cómo sabía que ya estábamos llegando. Probé varios caminos distintos; pero él siempre adivinaba que ya estábamos llegando. Por fin descubrí que se orientaba por el sonido del intermitente: sabía que en ese momento girábamos. Independientemente del camino que cojamos, yo siempre acciono el intermitente, y poco después nos paramos. Yo pongo el intermitente cuando voy a entrar en el patio trasero de mi casa, pero también cuando dejo la carretera principal y tomo una secundaria, donde el perro puede pasear a su gusto.

Algo parecido he leído sobre otro perro: al parecer, sabía si su amo iba a ir o no a trabajar.

El amo era arquitecto de profesión y no tenía un horario de trabajo fijo. Unas veces se tomaba libres los miércoles y otras trabajaba los fines de semana. Pero no anunciaba cuándo se iba a quedar en casa. Sin embargo, el perro parecía saberlo siempre, como si le leyera el pensamiento. Si su amo se iba a trabajar fuera de casa, el perro guardaba silencio, casi abatido. Pero si se quedaba en casa, parecía también saberlo, antes incluso de que su amo se vistiera. Éste descubrió que el perro siempre reaccionaba con excitación o desánimo cuando el amo sacaba un par de calcetines del cajón de la cómoda. Los calcetines marrones, que solía ponerse para ir al trabajo, significaban que iba a abandonar la casa, mientras que los calcetines blancos estaban asociados con tiempo libre, deporte o alguna caminata. Por tanto, el perro se alegraba cuando veía los calcetines blancos y, cuando veía los marrones, sabía que iba a pasar el día solo.[16]

Los perros tienen buen olfato

Los perros perciben muchas cosas a través del olfato. En el olfato canino existen unos receptores infrarrojos que son muy sensibles a la temperatura y que les permiten olerlo casi todo. En principio, pueden detectar la presencia de tabaco guardado debajo de 27 capas de polietileno. Si para los humanos la vista y el oído son los sentidos más importantes, para el perro lo es el olfato. El olfato de un perro es un millón de veces más sensible que el de un hombre. Los perros conocen olores de los que nosotros no tenemos ni la más remota idea. Pueden identificar incluso olores que están encubiertos por otros. Los humanos disponemos de alrededor de 400 cm² de membrana olfativa. Los perros, de más de 5.800 cm², una superficie mayor que toda su superficie corporal. Además, el hocico canino siempre está húmedo, y ya se sabe que una capa húmeda recoge particularmente bien las moléculas olfativas.

Hay muchos olores que no les gustan a los perros. Por eso, a menudo se utiliza el olor de la hierba de limón en forma de spray como defensa contra los perros que muerden. Pero también hay olores que les gustan especialmente. Aquello que les huele bien a los perros les huele mal a los humanos.

Aunque no nos guste que nuestro cuadrúpedo olisquee el trasero de otros perros, ésta es una práctica que tiene un buen motivo: las glándulas situadas debajo de la cola segregan unas sustancias que son distintas en cada perro, y gracias a este olfateo cualquier perro conoce casi todo lo referente a sus congéneres: edad, sexo, rango, estado de salud... Los perros recogen y distribuyen mensajes olfativos por doquier. Por ejemplo, el olor de la orina normal es distinta al olor de la orina que emplean para marcar el territorio, cosa que hacen sobre todo los machos.

Los perros oyen mejor que las personas

También el oído canino está más desarrollado que el oído humano. Desde muy pronto, los perros tuvieron necesidad de distinguir nítidamente los sonidos, sobre todo cuando algún peligro los amenazaba. El oído también les ayudaba a comunicarse con sus congéneres a grandes distancias, y a evitar que se les escapara alguna posible presa. Este rasgo, que los perros han conservado hasta el día de hoy, se puede observar perfectamente, por ejemplo, en los lobos. Los estudiosos han descubierto que nuestro cerebro está orientado al aprendizaje y a la mnemotecnia, mientras que el cerebro canino está orientado más bien al sonido. Los perros oyen mejor porque sus orejas, que suelen estar gachas, son más grandes, gracias a lo cual pueden registrar un mayor número de ondas sonoras. El hecho de que las orejas de los perros sean móviles, les permite dirigirlas hacia los sonidos. Los perros también oyen lo que sucede en otra habitación; por ejemplo, si algo se ha caído de la mesa, si su ama ha tropezado con el cuenco o si su amo ha abierto el frigorífico.

Unos conocidos me contaron que, un día de finales de invierno en que el tiempo amenazaba tormenta, salieron al jardín para recoger varias cosas que estaban esparcidas por el porche. Mientras se encontraban en él, hicieron una pausa para tomar café. De repente, el perro pastor se puso a ladrar, a aullar, a gimotear y a correr con nerviosismo de un lado a otro. No había manera de tranquilizarlo. El perro parecía estarle ladrando a un pino enorme que había en el jardín, y no le quitaba la vista de encima. Al cabo de unos segundos, el árbol se partió por la mitad con gran estrépito y cayó sobre el porche. Todos lograron alejarse a tiempo. El buen oído del perro los había salvado de un mal mayor.

Los perros perciben los sonidos agudos mejor que los graves. Si los felicitamos con un tono de voz alto, se muestran mucho más alegres.

No se ha probado de manera concluyente que a los perros les guste, o no, la música. Igual que tampoco sabemos si el volumen del televisor resulta agradable a su oído. Por lo que a mi perra se refiere, yo tengo la impresión de que sí le gusta la tele: por la tarde, se sienta en el sofá completamente relajada y parece mirar con fruición todo lo que aparece en la pequeña pantalla. También tengo la impresión de que le gusta la música clásica. Aunque probablemente no sea la televisión ni la música clásica lo que le gusta en verdad, sino que sabe que a mí me gustan y me relajan bastante, y es muy posible que eso le guste también a ella. Cuando nosotros estamos a gusto, también nuestro perro se siente bien.

Lo que nos revela el lenguaje corporal de los animales

Los animales no pueden comunicarse mediante un lenguaje que nos resulte inmediatamente inteligible, sin embargo, en nuestro trato con ellos, disponemos de otras posibilidades de entendimiento recíproco: los animales revelan sus sentimientos y su estado de ánimo a través del lenguaje corporal.

Es necesario que los niños conozcan este lenguaje corporal, además de los rudimentos básicos sobre la manera que tienen los animales de observar, oler y oír, Cuanto más intensamente traten con animales y más fuertes sean sus lazos con ellos, tantas más cosas conocerán sobre su mundo. A través de una observación detenida, los niños aprenden a interpretar la manera de reaccionar de los animales, y ese aprendizaje los hará más sensibles a sus emociones, a sus sentimientos y a su conducta en general. Además, en la vida cotidiana, los niños necesitan comprender, tolerar y aceptar a los demás tal como son y el trato con los animales les ayudará a ejercitarse en ese sentido, pues el lenguaje corporal de los perros, por ejemplo, demuestra lo amplio que puede ser el espectro de las reacciones y de los sentimientos de los animales en general

El contacto ocular

A través de la observación, los niños aprenden muy deprisa la importancia que tiene mantener el contacto ocular con un perro. Por lo general, el animal tiende a evitar un contacto ocular prolongado y mira de pasada al niño, con lo cual se queda contento y confiado. Los niños saben que si el perro aparta la vista, es que ha aceptado sus órdenes, pero si mira con las pupilas contraídas es que tiene miedo. Por otro lado, los niños intercambian frecuentemente sus observaciones y se transmiten sus conocimientos los unos a los otros. Por ejemplo, en nuestros cursillos con niños hiperactivos hemos constatado que éstos nunca miran fijamente al perro de la granja escuela, sino que sólo lo miran de vez en cuando. Un día en que hubo una tormenta con descarga eléctrica, me dijeron: «La perra *Fly* tiene miedo». «¿Cómo lo sabéis?» «¡Por los ojos!», contestaron al unísono. Cuando los niños observan a otros niños con el mismo detenimiento que a los perros e intentan conocer sus sentimientos, su agresividad se reduce. Los niños se sienten frecuentemente amenazados y difícilmente consiguen interpretar la conducta de los demás, pero si aprenden a observar a los perros, consiguen aplicar lo aprendido en su trato con los demás niños, e incluso con los adultos.

Las orejas

También las orejas permiten saber cuál es el estado anímico del perro. Unas orejas gachas significan que el animal está tranquilo y relajado y unas orejas levantadas, que se encuentra en estado de alerta. En este último caso, los niños suelen sacar la atinada conclusión de que el perro está esperando con ansiedad algo que va a suceder. Cuando ven unas orejas pegadas a la cabeza, saben que el animal tiene miedo. Sin embargo, no suelen interpretar bien las orejas echadas hacia delante, que denotan agresividad y ganas de atacar. Los niños se orientan más bien por la mirada fija del animal, en cuyo caso procuran evitarlo. Con frecuencia he constatado que los niños no saben reconocer cuándo va a atacar un perro. Claro que, también en su vida cotidiana, los niños malinterpretan a menudo la conducta de otros niños; por ejemplo, a veces suponen una actitud agresiva en alguien que se les acerca en plan amistoso. Observando a los animales, los niños pueden aprender a modificar y verificar sus valoraciones.

Postura del cuerpo

Si los perros están delante de un niño con las patas delanteras flexionadas, el pecho tocando el suelo, moviendo la cola
y con las patas traseras extendidas, es que quieren jugar. La
mayoría de niños reconocen esta invitación al juego.

Si el perro está echado en su colchoneta o en el sofá, es
que está tranquilo. Sólo si tiene miedo se levanta y se pone
rígido. Por otro lado, si tiene la piel erizada, es que está nervioso y si la tiene lisa, está tranquilo.

Jadear, ladrar, gruñir, gimotear

Si el perro jadea o suda, es que tiene sed o está nervioso.
Los niños suelen tener problemas para explicarse este jadeo.
Quiere decir –es muy importante que lo sepan– que el animal
necesita agua. Si lo comprenden, los niños pueden aprender
a asumir responsabilidades y a llevarlas a la práctica de manera confiada.

Con el ladrido, el perro trata de llamar la atención. Por
una parte, es una señal de que alguien está entrando en su
territorio y, por la otra, es una forma que tiene el animal de
reducir el estrés. El ladrido tiene diferentes significados. Los
niños deberían aprender, ya desde que el perro es un cachorro, a diferenciar entre los distintos ladridos. Si el perro ladra
mucho tiempo, con un tono agudo y de manera persistente,
es que el perro se aburre o que no le gusta estar solo: con su
ladrido está llamando la atención. Si sólo ladra un poco, es
que le gustaría entrar en contacto con el niño. Un ladrido
profundo indica que quiere proteger a su amo o ama.

Por el contrario, el gruñido es un aviso unívoco. No significa necesariamente que el perro se esté mostrando especialmente agresivo. El gruñido normalmente indica agresividad en una postura dominante; en cambio, en una postura sumisa indica que el animal tiene miedo. Un perro no debe, en ningún caso, gruñir airadamente a los niños de la familia. Por supuesto, ante un perro extraño que gruñe, los niños deben aprender a mostrarse prudentes.

El aullido expresa que el perro quiere tener contacto con otros perros. Finalmente, el gimoteo indica miedo, soledad, excitación, aburrimiento o dolor. Los niños deben aprender a buscar una explicación al gimoteo de su cuadrúpedo, a reconocer sus necesidades y a preocuparse por él.

Pero cuando un perro dormido empieza de repente a aullar con fuerza y a moverse de un lado a otro, podemos estar casi seguros de que está soñando. Los científicos aún no han averiguado qué sueñan los perros. Al parecer, sueñan más a menudo que los humanos. Mi perra *Fly* tiene tanta confianza en los niños hiperactivos de nuestro programa de formación que, de vez en cuando, se duerme en su presencia. Entonces se acurruca junto a uno de ellos, cierra los ojos, ronca un poco y, mientras sueña, mueve las patas. Los niños observan con gran interés a *Fly* mientras duerme y comentan los más pequeños detalles de su conducta de manera bastante atinada.

Problemas de entendimiento
entre el niño y el animal

Los niños deben participar en la educación de una mascota. Cuando los niños tienen problemas con los perros, la mayoría de veces se debe a una falta de entendimiento. Los niños deben aprender primero a comprender a su animal –por ejemplo, a su perro– y a comportarse de manera que éste pueda llevar a la práctica sus indicaciones y deseos. Asimismo, deben saber en qué se diferencian ellos de un animal y qué facultades tiene, o no tiene, en comparación con los humanos. Pero también deben aprender a reconocer los límites del animal.

Muchos perros saben exactamente lo que quieren y tratan de conseguirlo de manera agresiva como, por ejemplo, dando achuchones a los niños para llamar su atención. Otros eligen un sitio determinado para acomodarse, se apoderan de él y no lo abandonan bajo ningún concepto, ni siquiera cuando los niños se lo ordenan. Estos perros pretenden imponer la hora exacta del juego y de la diversión, y también se comportan de manera agresiva en el momento de hacer sus necesidades. En esta situación cabe establecer la norma siguiente: cuando un niño tiene que vérselas con un perro, los mordiscos, zarpazos o gruñidos están prohibidos. El perro debe aprender que, en la jerarquía familiar, ocupa un puesto subordinado al niño.

En la casa, el perro no debe poseer ningún lugar con derecho en exclusiva. Los perros suelen estar a gusto encima del sofá o de una silla, desde donde tienen una buena visión de la estancia. Si el perro puede recostarse en el sofá, debe quedar bien claro que los demás también pueden sentarse allí. Mi perra *Fly*, una border collie, al principio no se atrevía a ocupar ninguno de los sofás. Hoy se sienta en la otomana del despacho, desde donde puede observar y supervisar todo lo que allí ocurre. Yo se lo he permitido para que aumente su autoestima y no siempre reaccione con miedo.

A pesar de que el ladrido es natural en un perro, cuando los perros ladran con demasiada frecuencia, los vecinos suelen molestarse. En ese caso, los niños no deben gritar a sus perros, pues éstos suelen interpretar los gritos como una respuesta a sus ladridos. Hay muchos perros que necesitan una atención especial: casi siempre son los perros más inseguros y miedosos, o también los más aburridos. En el transcurso de la jornada, los niños deberían sacar a pasear a su perro al menos durante una hora, y mejor aún si son dos. A muchos cachorros les da por mordisquear durante horas y horas un zapato de alguno de los miembros de la familia. Los hay también que disfrutan arañando y mordisqueando los muebles, o destrozando las prendas de vestir. A los niños esto les resulta a menudo muy divertido, pero para el animal es mucho más saludable que el niño juegue más con él o que se lo lleve a pasear.

A menudo, los niños son poco consecuentes cuando se trata de dar de comer a sus mascotas. Los perros no deberían pedir comida junto a la mesa, aunque después de una comida se les eche un pedacito de algo. También es importante que los niños aprendan a dar recompensas de manera equilibrada y mesurada. A diferencia de los humanos, los perros pueden comer lo mismo todos los días: no les molesta en absoluto. Si les cambiamos la comida, debemos hacerlo progresivamente, por ejemplo en el transcurso de una semana. Si la comida es seca, conviene darles también algo fresco, o al menos un poco de agua. Tampoco conviene que la comida esté demasiado fría, pues entonces el perro no la puede oler bien y sus papilas gustativas no se activan de forma adecuada.

Es conveniente que los perros aprendan a no saltarles encima a los niños cuando los saludan, por grande que sea su alegría.

A menudo los perros desoyen las órdenes de los niños e intentan no hacer caso de sus indicaciones. En ese caso, éstos deben aprender a mandar y los perros, a obedecer. Es conveniente recompensar al animal con una golosina para perros cuando obedece inmediatamente.

A los perros les gusta tener contentos a sus amos y amas. También les gusta que los adiestren en algo. Si los niños los adiestran, ellos, por su parte, aprenden a tratar a los animales de manera consecuente y metódica. Cuanto más claras sean las normas y las recompensas, mejor reaccionará el animal. Una vez que ha aprendido algo, el animal lo practica una y otra vez.

7.

Tener y adiestrar a un perro

Dos perros se encuentran, y uno dice:
«Yo soy noble. Me llamo Encimero del Castillo».
Y el otro contesta:
«Yo también soy noble. Me llamo Debajero del Sofá»
(Anónimo)

Va contra la naturaleza que los cachorros crezcan solos. Al igual que a los niños, lo que más les gusta es jugar, enredar y desfogarse hasta que, con el paso del tiempo, se convierten en unos perros equilibrados. Los niños y los animales se complementan, se interpelan, confían unos en otros y aprenden con el trato mutuo. Los niños consiguen, así, relacionarse con un ser vivo que no es capaz de hacerse entender mediante el lenguaje hablado.

Cuando una familia ha decidido tener una mascota, en general ésta no va a relacionarse sólo con uno de sus miembros, sino con toda la familia. En muchas guías se recomienda que, antes de adquirir una mascota, la familia pida asesoramiento a un veterinario para informarse sobre las futuras responsabilidades, así como sobre la inversión de tiempo y de dinero, además de sobre cuál es, en cada caso, la mascota más adecuada.

Según el anuario estadístico del 2007, en la República Federal Alemana hay unos 23 millones de mascotas, de las que, 6,3 millones son gatos, 5 millones, perros, 5 millones, pájaros, 4,5 millones, animales pequeños y 3,5 millones son peces de acuario. Los amantes de las mascotas se han gastado en ellas tres mil millones de euros. De esta cantidad, dos mil trescientos millones corresponden a gastos en alimentación y más de 700 millones a complementos para el cuidado de las mascotas. La mascota preferida es el perro. En ese caso, los niños y los perros suelen trabar una estrecha amistad y si el perro se siente miembro de la familia, vigilará y protejerá al niño.

En la adquisición y posterior mantenimiento de una mascota hay que observar las normas vigentes sobre protección de animales. La mayor parte de los incumplimientos no se deben a la mala fe, sino al simple desconocimiento. Muchas veces ocurre que se compra un animal irreflexivamente, con poca idea sobre cómo hay que mantenerlo y cuidarlo. No todas las mascotas son adecuadas, y en ningún caso se deben adquirir con la intención de que sirvan de juguete para los niños. Éstos solo pueden tener una mascota si están dispuestos a aceptar las responsabilidades propias de su edad. El niño puede aprender estas responsabilidades durante la relación con el animal, pero conviene que exista una predisposición a afrontar las tareas que vayan presentándose.

He aquí una condición importante para tener y mantener a un animal de acuerdo a la legislación vigente: «Quien tenga un animal o deba encargarse de él está obligado a alojarlo, cuidarlo y alimentarlo de manera apropiada a su índole y condición».[17] Las normas y las recomendaciones dictadas por las autoridades o asociaciones competentes deben ser escrupulosamente respetadas. También hay normas que hay que observar cuando se saca al perro a la calle.

Cuánta atención necesita mi mascota

Los niños en edad escolar no pueden tener y cuidar una mascota ellos solos, sino que toda la familia debe velar por el cuidado de la misma. A un perro hay que sacarlo a pasear al menos dos veces al día, y mejor aún si son tres. El perro necesita estar ocupado y –particularmente cuando es un cachorro– no puede pasar demasiado tiempo solo. Como se ve, pues, se necesita la colaboración de todos los miembros de la familia. Las otras mascotas suelen requerir menos tiempo pero, por regla general, las mascotas que resultan fáciles de cuidar se comunican poco, o nada, con los niños y por tanto pierden más rápidamente su atractivo. Los animales que entienden a los niños, juegan con ellos y muestran emociones exigen mucha dedicación y mucho tiempo.

Cuánto espacio necesita un perro

La mayoría de mascotas necesitan poco espacio. En cuanto a los perros, si exceptuamos por ejemplo a los muy grandes, pueden convivir con la familia en una estancia relativamente amplia. Cuando las condiciones de habitabilidad son ya difíciles para las personas –por ejemplo, en una casa de dos habitaciones para cuatro personas–, hay que reflexionar si conviene tener una mascota. Los animales que se mueven libremente deben tener espacio suficiente para poder desahogarse, aunque no hay que olvidar que también debe haber espacios que les estén vedados.

Así, por ejemplo, el habitáculo de un perro no debe ser el dormitorio. Puede ser la cocina, el comedor y, de vez en cuando, el salón; pero lo más recomendado es que sean el recibidor y la cocina. El perro se acostumbrará deprisa a ello. Además, como tiene la piel particularmente «bien revestida», suele buscar los lugares más frescos de la casa.

Qué animal elegir según la edad del niño

A esta pregunta no se puede contestar de manera unívoca. Sin duda, un acuario es perfectamente adecuado para los niños de corta edad, mientras que los animales que exigen un mayor cuidado –como por ejemplo gatos, hámsteres, conejillos de indias o loritos– pueden ser adecuados para los niños en edad escolar. Respecto de los perros, esto depende de la raza. Así, un husky, que resulta relativamente difícil de domesticar, no es, desde luego, adecuado para un niño pequeño. Los perros más sociables, como los collies, los golden retriever, los labradores o incluso los perros cruzados se pueden confiar a un niño de entre ocho y diez años, pues éste ya puede asumir ciertas responsabilidades. Para los más pequeños –desde la edad escolar–, se requiere el apoyo de la familia. Si tiene menos de seis años, generalmente el niño es todavía demasiado pequeño y aún no posee la capacidad de comprensión suficiente para tener un perro o un gato.

Quién manda en la casa

Una mascota debe saber con exactitud qué puede y qué no puede hacer. Es el ser humano quien le adjudica al perro su puesto en el escalafón familiar y, obviamente, debe ser el último. El animal no puede, en ningún caso, estar por encima de un miembro de la familia. Incluso el niño más pequeño debe ser un «jefe» para él. Los niños también tienen que respetar esto, a pesar de que tengan tendencia a opinar otra cosa. Los perros aceptan sin ningún problema este último puesto en el escalafón: basta con un adiestramiento que sea consecuente en este sentido. Así, el perro nunca debe comer antes de que lo haya hecho toda la familia, y siempre debe hacerlo en un comedero colocado en el suelo, nunca en la mesa. Tampoco se le debe dar de comer con la mano. De este modo, el perro sabe cuál es el puesto que ocupa en la casa.

Los niños deben aprender a no mirar a los perros directamente a los ojos. Deben mirar más bien hacia la cabeza, las orejas o el morro. Cuando los perros se encuentran con otros perros, lo primero que hacen es mirar fijamente a los ojos. Mantienen erguidas la cabeza, la cola y las orejas, y la piel del lomo erizada, hasta que uno de los dos gira la cabeza. Con ello se acepta la jerarquía, y los dos quedan satisfechos sin necesidad de que se produzca una lucha. Los niños no comprenden que si ninguno de los dos cede ni mira a otra parte, tiene que haber pelea. No aguantarle la mirada a otro perro significa aceptar la jerarquía y las consiguientes reglas del juego. Cuando dos perros están jugando y uno ya tiene bastante, deja de hacerle caso al otro. Si eso no funciona, contrae el belfo, gruñe o empieza incluso a atacarlo para que se vaya. Pero los perros no suelen guardarse rencor durante mucho tiempo. La mayoría de veces olvidan rápidamente sus peleas y cuando se encuentran de nuevo se saludan con alegría, como si no hubiera pasado nada.

Cómo actuar cuando se saca al perro a la calle

Las clases de animal que pueden ir por la calle con niños son limitadas y, estrictamente hablando, sólo el perro puede hacerlo. Si éste acompaña al niño por la calle, debe dejarse llevar con la correa y acudir enseguida en cuanto oiga pronunciar su nombre. Idealmente, cuando tenga más de un año, deberá poder ir sin correa también, echarse si se lo ordenan y, en general, obedecer cualquier indicación del niño. Es importante educarlo para que sepa moverse entre el tráfico sin que le entre el pánico ante los coches, los autobuses o las motos. También hay que evitar que lo molesten otros perros, gatos o cualquier otro animal extraño. Al salir, un perro bien adiestrado debe caminar tranquilo junto al niño que cuida de él.

La primera vez que se saca al perro a la calle –al trajín del tráfico rodado– debidamente sujeto con la correa, lo normal es que el animal sienta miedo. Entonces es necesario que los niños actúen con prudencia, tranquilidad y suma atención. También hay que adiestrar al perro para que no se asuste ante un palo de escoba que se ha caído, una puerta que se ha cerrado de golpe, un teléfono que ha empezado a sonar, o por el ruido de una aspiradora. Cuando el perro conoce todos estos ruidos, sabe que no se trata de un ataque y, así, no ocasiona ningún problema. Si empieza a ladrar e intenta perseguir un coche o una moto, el niño debe tirar ligeramente de la correa y decirle claramente: «¡No!» Al poco tiempo, el perro lo habrá comprendido y se comportará correctamente.

Qué debe hacer un niño para adiestrar a su perro

El niño debe proponerse educar a su mascota en la medida en que ésta lo puede entender. De nuevo, las mascotas que mejor resultado suelen dar a este respecto son los perros. Es importante para el desarrollo del niño que los adultos le enseñen algunos elementos del proceso de adiestramiento para que él aprenda a asumir responsabilidades, gane en experiencia y mejore su comportamiento en general.

El adiestramiento de un perro joven suele dársele bastante bien a un niño. Se trata de indicarle al perro cada una de las cosas que tiene que hacer. Para que se eche, hay ordenarle «¡Échate!» o una palabra parecida. Para que se levante, «¡De pie!» o algo así. Para que se siente, «¡Sentado!». Este método de adiestramiento es fácil y los niños lo captan y lo practican sin ningún problema. Si el perro camina obediente, sin tirar de la correa, el niño puede felicitarle, diciendo: «¡Muy bien!» o «¡Buen perro!». La norma es que conviene reforzar la buena conducta del animal con alguna indicación oral para reforzar positivamente su comportamiento.

Cuando el perro tira de la correa y tenemos que sujetarlo, el tema es distinto. Entonces lo corregiremos con un «¡No!» o un «¡Ven aquí!», y haremos que se conduzca de manera correcta. Esto suele resultar más difícil para los niños, y les crea más de un problema. Los niños tienen la sensación de que hay que castigar a su mascota. Para los niños, la imposición de un correctivo o castigo es una cuestión bastante problemática, pues por regla general los niños no actúan de manera reflexiva. La norma principal a la hora de adiestrar a un perro es el refuerzo positivo cuando éste haya hecho algo bien.

En cuanto a la conducta normal de los niños, todos sabemos que si están enfrascados en alguna ocupación y sus padres les piden que la dejen para hacer alguna tarea de la casa, por regla general les cuesta mucho obedecer tales indicaciones. Pero con una pequeña recompensa, a menudo se mata el germen de cualquier resistencia. Por ejemplo, si los padres prometen un pequeño regalo o ir al cine, entonces ya no hay ningún problema en apagar el televisor y ponerse a hacer las tareas de la casa. Pues bien, un perro aprende a acatar las órdenes de manera parecida. En su caso, una pequeña golosina para perros o una congratulación verbal suele surtir el mismo efecto. La buena o mala disposición de la mayor parte de los perros tiene mucho que ver con lo que les pongamos en el cuenco. Por eso conviene que el niño recompense de vez en cuando con una golosina a un perro que se ha portado bien. Una palmadita o una caricia pueden también tener el mismo efecto: no siempre tiene que tratarse de comida para premiar. El perro también suele valorar mucho una palabra o un contacto ocular amable, o una pequeña caricia. La mayoría de veces, esto le basta.

Cuando un perro se va corriendo y tarda en volver, o si es necesario mantenerlo sujeto, es poco probable que una regañina sirva para que no vuelva a escaparse y vuelva enseguida cuando lo llamen. Lo más probable es que vuelva con mayor retraso todavía, pues tendrá miedo a un castigo. Pero si el amo decide no hacer caso de la conducta negativa del perro y en cambio recompensarlo cuando vuelve, la siguiente vez atenderá antes a su llamada.

Son muchos los perros que responden particularmente bien a los juguetes. Cuando obedecen una orden, se recomienda recompensarlos con un juego rápido, aunque una felicitación o una caricia también les produce alegría. Cuando el animal tiene la conducta deseada, hay que reaccionar enseguida. Y, viceversa, sólo si criticamos o reprendemos al perro inmediatamente después de una conducta indeseada éste sabrá que ha hecho algo indebido. No hay que golpearlo, ni gritarle, ni tirarle impacientemente del collar. Todos los perros son capaces de aprender a saludar a un niño cordialmente y a darle la pata aunque no reciba por ello ninguna recompensa. Cuando lo llamemos, vendrá enseguida aunque tenga que interrumpir su juego, pues habrá aprendido a seguir a las indicaciones de manera inmediata.

Si un perro no cumple una orden o no hace caso cuando el niño le dice «¡Ven aquí!», no servirá de nada ponerse a gritar ni enfadarse. Si el niño grita varias veces la misma orden, está perdiendo credibilidad, pues le está diciendo al perro que no debe responder a la orden. Es mejor ponerle la correa y repetirle la orden con palabras amables. Así, le estamos dejando claro que «¡Ven aquí!» es una orden. El niño sólo debe dar órdenes que sean ejecutables. En principio, él conoce muy bien esta misma situación: cuando sus padres le dicen «¡Ven, por favor!», están esperando que les haga caso.

Si no se consigue que el animal obedezca porque, por ejemplo, ha visto a un perro en la otra acera o a otro miembro de la familia con quien se siente igualmente a gusto, no se debe dar la orden.

Mi border collie *Fly* salía corriendo siempre que algo le producía miedo y, entonces, no había manera de hacerla volver. Un día salió disparada a la calle presa del pánico y estuvo a punto de ser atropellada. Hay una cosa que le encanta: la salchicha cocida, que solo recibe muy de vez en cuando. En cierta ocasión en que se disponía a darse a la fuga a causa del miedo, esgrimí un trocito de salchicha cocida y exclamé: «¡Ven!» ¡Menuda disyuntiva para la pobre! Pero decidió superar su miedo a favor de la salchicha. Aquella decisión fue determinante. Ahora, siempre que le digo «ven», viene corriendo enseguida con la esperanza de que le dé un trocito de salchicha. Pero sólo lo recibe muy raras veces pues, en realidad, ya no necesita la salchicha.

Un perro debe obedecer siempre. Su adiestramiento será más o menos cabal según se haya producido de manera más o menos consecuente. Si el propio niño no ha sido educado de manera consecuente y tiene dificultades para cumplir las normas, puede sacar provecho de dicho buen adiestramiento y acabar cumpliéndolas.

El perro sólo entiende el «sí» o el «no», nunca el «quizá». Si el niño no es consecuente y durante un paseo dice «¡Ven aquí!» pero se contenta con que el perro haga amago de volver y siga corriendo, entonces el perro habrá interiorizado: «No hace falta que acuda cuando me dice "!Ven aquí!"».

¿Pueden los niños castigar al perro?

Los padres se preguntan a menudo si sus niños deben castigar al perro o no. Sólo se debe castigar a un animal inmediatamente después de que haya hecho algo mal. En tales casos, también los niños pueden reaccionar con un tajante «¡No!» o «¡Fuera de ahí!» para que el perro sepa que lo que acaba de hacer está mal. Si el perro hace algo mal a diez metros de distancia y el niño lo llama y lo reprende, no asociará el rapapolvo con su mala conducta. Lo asociará con el hecho de haber acudido. Una corrección verbal sólo puede tener éxito en el momento mismo de una mala conducta por parte del perro.

Si el perro hace sus necesidades en la casa, no es que quiera fastidiar con ello a las personas que viven en casa. Si un perro aún es pequeño, los niños deben sacarlo a pasear, como muy tarde, cada dos horas. Así aprenderá rápidamente que es fuera de la casa donde tiene que hacer sus necesidades. En caso de que lo haga alguna vez en la casa, no debe ser castigado, y mucho menos a la mañana siguiente. Si lo sorprendemos in fraganti, lo reprenderemos verbalmente con tono severo («¡Eso no se hace!» «¿Pero qué has hecho?») y lo despacharemos inmediatamente. Así, habrá entendido: «He hecho una cosa que no se debe hacer en la casa. A mi amo no le gusta.» Es importante explicarles esto a los niños y razonarles por qué y cómo han de llevarse a la práctica los principios educativos.

En principio, un niño no debe amenazar nunca a un perro. Las amenazas pueden conducir a que éste ataque y luche hasta que aquél deje de defenderse. El perro puede morder, y sus mordiscos pueden ser muy dolorosos. Los niños son superiores al perro por su capacidad de reflexionar y de actuar de manera sensata. Se suele suponer que los perros consideran a los niños como sus iguales y, por tanto, los tratan como si fueran otra especie de «perro» y que no se esperan una conducta inapropiada o agresiva en el marco de la familia. A pesar de ello, esta suposición no parece verificarse en todas las razas de perros: mi perra, una border collie, nos ve a mí y a todos los niños como si fuéramos ovejas a las que tiene que cuidar, proteger y vigilar para que no se pierdan.

Cuántas veces necesita comer un perro

Un perro adulto necesita comer una vez al día, aunque también podríamos no darle nada de comer durante un día, una vez a la semana: cualquier perro lo soportaría bien. Debemos ponerle la comida o bien por la noche o bien por la mañana, según el ritmo que él tenga y que más convenga a la familia. Si resulta que un día va a descansar porque los niños están en la escuela y no pueden ocuparse de él hasta la tarde o la noche, se recomienda darle de comer por la mañana. Si durante el día hacemos muchas cosas con él y va a descansar por la tarde, se recomienda que coma por la tarde. A un cachorro hay que alimentarlo tres veces al día; a un perro joven, dos, y a uno mayor, sólo una. La alimentación se puede dejar en manos de los niños.

Los niños, y también algunos adultos, tienden a alimentar a los animales sin ninguna planificación. La alimentación de una mascota permite sacar varias conclusiones sobre sus propietarios. Además, la manera en que los padres alimenten a las mascotas influirá también en los niños.

Reinhold Bergler ha realizado un estudio entre varios propietarios de perros normales y con sobrepeso, y ha visto una correlación entre la manera de criar y alimentar a los perros y determinados rasgos de la personalidad de los propietarios.[18] En el estudio participaron un total de ciento veinte dueños de perros. Sesenta de ellos tenían un perro con peso normal y sesenta, un perro con sobrepeso. Se les entrevistó basándose en un cuestionario tipo.

Al analizar los resultados, no se descubrió ninguna relación significativa entre amo y perro en los casos de perros con sobrepeso, pero sí se percibió que dicha relación se caracterizaba por una clara «humanización» del animal. Así, por ejemplo, los perros con sobrepeso dormían más frecuentemente en la cama de sus amos, éstos les hablaban con mayor frecuencia e incluso sobre cuestiones profundas, casi ninguno de ellos tenía miedo a contagiarse de las enfermedades de sus canes y la educación de los animales tenía poca importancia. Asimismo, los sacaban menos a pasear.

En cuanto a la alimentación, el número de comidas diarias de los perros con sobrepeso era claramente más elevado que el de los perros con peso normal y también recibían frecuentes recompensas suplementarias en forma de golosinas para perros. Además, solían estar presentes durante la preparación de los platos y durante las comidas de sus amos, y casi siempre pescaban algo.

El interés de los propietarios de perros con sobrepeso por informarse sobre la alimentación equilibrada de un perro era claramente menor, y ello pese a conocer, a través de los comentarios y consejos que recibían por parte del veterinario y de otras personas, los riesgos del sobrepeso para un perro. A pesar de ello, no cambiaban los hábitos alimenticios. Por lo general, prestaban también menos importancia a las vacunaciones.

El talante y las ideas de los dueños de perros con sobrepeso diferían netamente de los dueños de perros con peso normal. Hace ya bastante tiempo –por lo menos veinte años– que se habla de que el sobrepeso suele darse de manera simultánea en el amo y en el perro. Reinhold Bergler ha confirmado esta suposición en su estudio comparativo.

Los dos grupos de dueños se diferenciaban también en cuanto al consumo de tabaco. En la categoría de los que fumaban hasta veinte cigarrillos al día se encontraban muchos amos de perros con peso normal. Sin embargo, en la categoría de los que fumaban más de veinte cigarrillos al día había un 41 % que tenían perros con sobrepeso y solo un 5 % que tenían perros con peso normal.

Es interesante notar que varias encuestas que se han realizado a propietarios de gatos sobre la relación entre las personas y los animales han llegado a resultados parecidos. Todos los propietarios de gatos encuentran muchas ventajas y muy pocos inconvenientes en tener un gato. El gato se percibe en ambos grupos como un compañero doméstico más agradable, limpio, cariñoso y discreto. Pero, curiosamente, tam-

bién los propietarios de gatos con sobrepeso tienen una relación emocional y comunicativa más intensa con éstos. El
gato desempeña para ellos una función particularmente importante. Por ejemplo, es más frecuente que guarden luto
por la muerte de su mascota. El 30 % de los que tenían gatos
con sobrepeso –a diferencia del 12 % de los propietarios de
gatos con peso normal– se habían procurado el animal para
que les sirviera de consuelo y les diera ánimos en los mo-
mentos difíciles.

El riesgo de la sobrealimentación aumenta cuando el gato
juega un papel importante en la superación de las crisis per-
sonales, cuando la relación afectiva y la comunicación con él
es particularmente intensa y, en general, cuando desempeña
una función sustitutiva. La alimentación sirve en este caso
para mantener y reforzar la atención y el apego.

¿Qué necesita un perro para sentirse a gusto?

El perro se siente a gusto cuando sabe que tiene un lugar
propio en la familia y conoce cuál es su lugar en la jerarquía.
Necesita atención y dedicación, y debe saber lo que puede
y lo que no puede hacer. Conviene que tenga la comida y
el agua siempre en el mismo lugar. A un perro le gusta estar
ocupado: necesita tener sus tareas y salir al aire libre. Los
niños saben que al perro le gusta jugar y, todavía más, aprender. Pueden enseñarle muchas cosas, como por ejemplo, a
dar la pata, a echarse, a dar volteretas hacia delante y hacia

atrás, a jugar a la pelota, a traerla… Las actividades mentales cansan a un perro mucho menos que, por ejemplo, diez kilómetros corriendo sin parar al lado de una bicicleta.

¿Qué perros son más apropiados para los niños?

Los perros, como es el caso de los huskys, a los que les gusta correr y que se sienten a gusto con el frío, pero que no les gusta que tiren de ellos con una correa (por estar acostumbrados a ir delante tirando de un trineo), son poco recomendables para los niños. Tampoco son adecuados para ellos los perros de pelea, pues suelen ser bastante difíciles de adiestrar.

Cuando se estrenó en el cine la película *101 dálmatas*, todos los niños querían tener un dálmata. Sin embargo, tampoco éstos son adecuados para vivir en familia, si bien su instinto cazador está menos desarrollado que, por ejemplo, el de un terrier cazador. En cambio, sí son adecuados los perros disciplinados (como el labrador), los diferentes tipos de caniche, el cocker spaniel o los perros que cuidan del ganado. El perro pastor, no obstante, a causa de su volumen y de su fuerza, no está especialmente indicado para un niño aunque dependerá del adiestramiento y temperamento que tenga.

Hace ya muchos siglos que los perros acompañan a los seres humanos. Al principio, se emplearon para la caza y después, para la protección y la vigilancia de la casa. Hoy día son ya muy pocos los que se emplean para cazar. Sin embargo, a causa de su olfato especialmente desarrollado, se los emplea en tareas especializadas: hay perros de salvamento, para la nieve, para detectar la presencia de drogas o de material explosivo... Su excelente sentido de la orientación es también utilísimo a la hora de acompañar a las personas invidentes. La mayoría de veces, no obstante, se los emplea para compartir el tiempo libre. Las razones para procurarse un perro son, pues, muy variadas y en la elección se tienen en cuenta consideraciones estéticas, sociológicas y pedagógicas. La comunicación activa con un perro durante un paseo fomenta la salud y mejora la higiene mental de una persona. Los perros son, además, los animales que mejor se relacionan con los niños.

La esperanza de vida de un perro oscila entre los diez y los quince años. La familia debe prepararse, pues, para vivir con un animal durante bastante tiempo. Como la presencia de un perro significa que todos los miembros de la familia deberán asumir nuevas responsabilidades, es conveniente que todos participen en tomar las decisiones más importantes.

El tamaño del perro no tiene demasiada importancia; independientemente de lo grande, pequeño, gordo o flaco que sea un perro, siempre necesitará buenas dosis de atención y de tiempo. Los perros más grandes necesitan, tal vez, un poco más de espacio, pero la necesidad de moverse es básicamente la misma para todos.

Los perros que viven en la casa necesitan dar un buen paseo todos los días —incluso con mal tiempo—. Si los perros se quedan solos durante el día porque sus amos tienen que ir a trabajar, deben salir de paseo por la tarde. Pero se desaconseja tener un perro si al menos un miembro de la familia no está todo el día disponible.

Quien adquiera un perro pensando en los niños, deberá reflexionar sobre si elegir un macho o una hembra. La conducta de un macho es distinta a la de una hembra. Por regla general, los machos son más dominantes y agresivos, y defienden su territorio con mayor vehemencia. Asimismo, suelen ser también más activos, y a veces incluso más juguetones. Por su parte, la hembra es por regla general más limpia. Pero también exige más atención y cariño. Se suele decir que las perras son más fáciles de adiestrar y que se adaptan mejor a la familia.

También parece ser que los machos castrados son más fáciles de cuidar; en cuanto a las perras castradas, suelen adaptarse incluso mejor y ser más cariñosas. En cualquier caso, una castración suele producir cambios a mejor habitualmente en muchos perros.

A veces los perros reaccionan mal cuando la persona de referencia cambia. Por eso se aconseja que sea siempre el mismo miembro de la familia – incluso un niño– quien sea el principal responsable, para que de este modo no desarrollen ningún trastorno de conducta. El contacto con miembros de la propia especie es particularmente importante para los perros jóvenes.

Es conveniente que los perros corran en libertad siempre que sea posible, también cuando van acompañados por un niño, y para ello deben ser obedientes. Todo perro debe obedecer ciertas órdenes de manera fiable. Por ejemplo, debe acudir cuando lo llaman, así como sentarse y quedarse quieto cuando se lo ordenan. En cuanto a los excrementos, hay que retirarlos de las aceras y vías públicas, tarea ésta que también deben hacer los niños.

En la casa, el perro necesita disponer de un lugar suficientemente amplio y limpio donde poder tumbarse y descansar. Pero las dimensiones de la casa juegan un papel secundario si el perro puede salir a pasear a menudo.

Como los perros regulan la temperatura corporal a través de la respiración y no sudan de la manera en que lo hacen los humanos, el lugar destinado a su descanso no debe ser demasiado caluroso. Conviene peinar al perro, sobre todo si su pelaje es largo, de manera regular. Asimismo, el perro necesita un lugar fijo donde recibir la comida y tener constantemente a disposición un poco de agua limpia. En ningún caso se le servirá la comida junto a la mesa. El responsable del perro decidirá si suministrarle comida seca o húmeda. Hay que llevar al perro al veterinario una vez al año para su vacunación.

Aunque el trato con las distintas clases de animales es muy distinto en cada caso, existen ciertas normas que debemos observar siempre, incluso los niños. Nunca se debe equiparar a un animal con un juguete. Para que no se produzcan equívocos, o experiencias desagradables, los adultos deben vigilar la manera en que los niños se relacionan con los animales e instruirlos en este sentido.

En el contacto con perros desconocidos conviene ser muy prudentes. Cuando nos encontremos con un perro que va con su ama o amo, ningún niño debe acercarse a él sin preguntar antes. Siempre es mucho mejor esperar a que el perro se acerque.

Si un perro está tumbado delante de su casa, en la perrera o junto a un porche, lo mejor es dejarlo en paz. A los perros no les gusta que niños desconocidos los toquen de repente. También se acuerdan perfectamente de quien los ha molestado y de quien les ha causado algún daño.

En mis cursillos vacacionales en la isla de Sylt, doy permiso a los niños para que salgan de paseo con mi perra *Fly*, incluso sin correa. A ella le gusta mucho ir con ellos a la playa y jugar a la pelota, pero muchos niños la hacen rabiar de vez en cuando. Entonces, *Fly* se da media vuelta y vuelve a la casa. Luego, esos niños que la han molestado deben esforzarse mucho para que ella vuelva a estar dispuesta a salir con ellos. Por regla general, *Fly* necesita entre dos y tres días para perdonarlos del todo.

Cómo jugar con un perro

A todos los perros les gusta mucho jugar, sobre todo si hay una pelota o un palo de por medio. Les encanta ir a buscar la pelota, encontrarla y juguetear con ella. El perro suele agarrar la pelota, y las golosinas, con los dientes y sin ningún miramiento. En estos casos, para que los niños no se asusten, no deben acercarse demasiado al hocico del animal. En otros casos, cuando están muy metidos en el juego, los niños pierden el sentido de la medida y les da por atacar al perro.

La mayoría de perros soportan esto bastante mal: gruñen un poco o enseñan los dientes para decir: «¡Ya basta!», y a veces los niños no asimilan esta experiencia. Por lo general, un perro no suele atacar a un niño. Pero si lo hace una vez, sobre todo cuando es cachorro, y lo achucha demasiado mientras está jugando, hay que impedirlo enseguida exclamando enérgicamente «¡Eso no!». Por su parte, los niños tampoco deben tirar al perro de la cola, ni empujarle. El perro suele expresar con la cola lo que está sintiendo en cada momento: si la tiene recogida entre las patas, es que tiene miedo, y entonces, en algunos casos, se prepara para morder. Los niños deben aprender a mantener la distancia necesaria. Por regla general, el perro no hiere a un niño cuando está jugando o retozando, sino que se mueve con prudencia. Cuando, sin darme cuenta, le piso una pata a mi perra o la empujo, es ella la que se disculpa, como si me hubiera hecho algo.

Pero cuando los perros juegan y se pelean entre ellos, la cosa es distinta: enseguida se enzarzan y pueden morderse. Los niños nunca deben intentar separar a los contendientes: eso ya resulta bastante difícil para los adultos.

Para los niños, los perros son unos compañeros de juego ideales. Pero los animales no saben que la piel humana es más fina que la suya. Cuando el niño está correteando mientras juega, puede ocurrir que el perro lo agarre y no lo quiera soltar. El instinto cazador de muchas razas aparece en tales ocasiones.

Ésta es la razón por la que yo llevo una perra border collie a los cursillos terapéutico-pedagógicos con niños hiperacti-

vos. Esta raza de perros no caza, sino que protege. Cuando viajamos al mar con los grupos de niños para ejercitarnos allí, ella también corre por la playa, busca un lugar elevado y vigila a los niños desde allí. Si alguno se aparta del grupo, la perra se pone nerviosa y no se calma hasta que el niño vuelve. Su instinto protector me facilita mucho las cosas, pues enseguida sé si algún niño se ha alejado demasiado.

Qué normas hay que observar en el adiestramiento de un cachorro

Resulta muy educativo para los niños observar cómo las perras educan a sus cachorros. Puesto que las perras actúan de manera absolutamente consecuente en su tarea educadora, observar el proceso suele ser muy provechoso para muchos niños.

Las madres de cachorros

- nunca repiten una cosa dos veces para tener éxito
- nunca pierden la paciencia
- nunca se desesperan ni se dan por vencidas
- nunca piden cosas extraordinarias a sus pequeños
- saben exactamente qué deben prohibir y qué pueden permitir
- tienen un sentido del momento adecuado extremadamente preciso
- dan a la cría una sensación de seguridad

• le enseñan en pocas semanas todo lo necesario para poder sobrevivir con sus propios medios.

Los perros, si bien sus emociones no son tan perdurables como las nuestras, sienten felicidad, estrés, inseguridad, irritación y miedo, igual que nosotros. Nunca ocultan sus sentimientos, sino que siempre los ponen de manifiesto. A las siete u ocho semanas de vida, los cachorros ya han aprendido los rudimentos de la comunicación.

A los niños les puede resultar provechoso observar cómo la perra va destetando paulatinamente a los cachorros. Cuando los dientes de éstos se han vuelto demasiado afilados y sus chupetones hacen daño, la madre ya no les permite seguir mamando. Y si ellos persisten y le mordisquean las mamas, levanta el belfo amenazadoramente. Si los pequeños siguen sin hacer caso, primero gruñe un poco y luego lo hace con más fuerza, para enseñarles dónde están los límites. Y, viceversa, también les hace saber lo que sí está permitido.

Una perra combina instintivamente el cariño con el rigor. Si los niños quieren aprender a premiar o a castigar a su perro por su buena o mala conducta, es muy recomendable que observen el comportamiento de las madres con sus cachorros. Ya se sabe que una buena educación no es posible si no existe una buena comunicación. Para ello, la perra emplea todo un abanico de sonidos; unos sirven para que la cría acuda, otros, para mostrar rabia, y muchos otros para expresar diferentes clases de sentimientos. Los cachorros entienden estos sonidos y responden a ellos.

Los perros también se comunican con el cuerpo. Cuando los pequeños vienen al mundo, la madre los ayuda para que aprendan a respirar de manera autónoma. Los lame y los limpia, poniendo así en movimiento su sistema digestivo. Cuando los cachorros empiezan a ver y a oír, la madre sólo les permite realizar pequeños desplazamientos para que no corran peligro. Si un cachorro no sigue sus indicaciones, le pone una de sus patas delanteras en el cuello y lo oprime contra el suelo. Durante nuestro trabajo con niños hiperactivos hemos podido constatar una y otra vez cómo estos analizan y registran con gran precisión la conducta de la perra madre y cuándo los cachorros obedecen, o no. Muchas veces los niños adoptan la manera de portarse y de reaccionar de un animal y la adaptan para ellos mismos.

Las perras premian y corrigen a sus retoños, pero no exactamente de la misma manera que los humanos. Los premios y castigos de las perras remiten al nivel de la actividad, mientras que los de los humanos remiten a una actividad específica.

Lo que no se debe hacer con un perro (ni con otros animales)

Los niños deberían evitar las siguientes cosas en su trato con los perros y otros animales:

- Gritarles cuando no obedezcan alguna indicación. En mis paseos siempre me encuentro con niños que gritan a sus perros para conseguir que les obedezcan. Por regla general, esto no suele funcionar. Los perros se acostumbran enseguida al «ladrido» de sus amos y no perciben dicho grito como un castigo.

- Perseguir al perro. He observado que mi perra suele alegrarse cuando los niños van detrás de ella para quitarle la pelota. Ella interpreta esta conducta como ganas de jugar e intenta retener la pelota por todos los medios.
- Arrinconar al animal. La mayoría de perros se sienten atacados cuando alguien los arrincona, y reaccionan de manera agresiva: en tales circunstancias intentan salir de ahí aunque sea a mordiscos. Generalmente, los niños no saben cómo conducirse ante estas situaciones, sin duda peligrosas.
- Tirar con fuerza de la correa hacia un lado o hacia arriba. Muchos perros reaccionan con pánico cuando se quedan sin aire; entonces se portan todavía peor y no obedecen, pues quieren liberarse cuanto antes. Además, a menudo los niños se ven incapaces de sujetar la correa: el perro sale corriendo y hay que ir a buscarlo.
- Pegar al perro, ya sea con un periódico enrollado, con la correa o con el zapato que éste haya estado mordisqueando antes. Los perros se acuerdan perfectamente de quién les ha pegado y a veces «se vengan» a la primera oportunidad. En cierta ocasión en que el perro de un conocido mío se estaba peleando con otro, él quiso separarlos y entonces su perro le mordió una mano. Ese perro tenía un recuerdo positivo de mí: todas las mañanas, cuando paso por delante de su perrera, le ofrezco

una pequeña golosina para perros. Gracias a ello, pude abrirle la boca sin ningún problema y liberar al otro perro.

- Esperar demasiado tiempo para castigar al perro por algo que ha hecho mal. Muchos amos consideran que el castigo es una respuesta apropiada, pero a menudo ocurre que la persona encargada del adiestramiento del perro no es suficientemente consecuente, y entonces tenemos que hablar más bien de una falta o un error del adiestrador.

- Restregar el hocico de un perro sobre sus excrementos. Los perros evitan hacer sus necesidades en el lugar donde se acuestan y donde viven. Pero si, por casualidad, infringen esta norma, lo más seguro es que el animal no haya tenido otra salida: no le han dejado salir fuera o no ha podido contenerse porque está enfermo.

- Dejar al perro encerrado. Este tipo de castigo presupone que el perro lo entiende como tal, pero eso es poco probable. Por regla general, el perro no sabe qué es exactamente lo que ha hecho mal. Proceder de manera contraria tiene sin duda mucho más sentido. Mencionaré, a este respecto, el caso de un criador profesional de border collies que, cuando éstos han hecho particularmente bien su labor de cuidar o han conseguido un buen puesto en alguna competición oficial, los premia llevándolos varios días a vivir en una casa. Así, en vez de vivir en una perrera próxima a un redil se alojan en la casa de una familia, lo cual, naturalmente, les encanta. Mi perra procede, por cierto, de esta camada y aunque realizaba excelentemente las labores de vigilancia, se le daban muy mal las competiciones. El criador solía gritar y muchas veces, cuando ella realizaba las labores de vigilancia, le daba, además, las órdenes en un tono agudo. Entonces ella se daba media vuelta y se alejaba del lugar. A causa de ello, nunca consiguió ninguna distinción especial en las distintas competiciones en que participó, ni la llevaron nunca a vivir a una casa. Siempre permaneció en la perrera. Bueno, siempre hasta que, un buen día, cuando tenía ya cuatro años, yo me la llevé a mi casa. Huelga decir que se puso contentísima. Todavía hoy me lo sigue agradeciendo.

- Castigar al animal dejándolo sin comida o sin agua. El castigo no debería relacionarse nunca con la comida. Retirarle el agua a un perro es una barbaridad: incluso puede producirle una enfermedad.

- Hacer una cosa de la que no estamos muy convencidos porque otras personas la recomiendan. Algunos amos aconsejan que otros hagan con su animal lo que a ellos les ha dado resultado. Algunos amos predican de manera casi dogmática y ciega su manera de proceder. Por ejemplo, yo no le doy ningún valor al hecho de que mi perro no responda a la orden de «¡Sentado!» antes de recibir un premio. Pero cuando le digo «¡Ven!» a mi perra, ella debe venir enseguida, por mucho que le guste lo que esté haciendo en ese momento. No necesita estar viniendo constantemente a mi lado ni meterse entre mis piernas. Pero cuando le mando «¡Ven aquí!», viene, y se queda hasta que retiro la orden. Tampoco debe hacer sus necesidades cuando se lo ordenan, sino sólo cuando sea su hora.

Lo que sí se debe hacer

He aquí unas cuantas normas que hay que tener en cuenta en el trato con los perros:

- Utilizar el refuerzo positivo. El refuerzo positivo es el mejor método para adiestrar a un animal. También juega un papel importantísimo en la educación de un niño: se refuerza la conducta deseada, y se olvida la no deseada. Por ejemplo, si estoy jugando a la pelota con mi perra y quiero que me la traiga para que se la pueda volver a lanzar, premio su obediencia con una golosina para perros. También le doy una pequeña golosina todas las mañanas cuando hace debidamente sus necesidades. Esto me permite empezar mi trabajo con puntualidad. Los niños que adiestren a sus animales siguiendo este método descubrirán lo agradable que es trabajar así. Casi todos los niños a los que he preguntado hablan muy bien de este sistema. También se puede aplicar a los niños de manera individual. Así, les podemos dar puntos cuando sacan a pasear al perro con puntualidad, puntos que pueden cambiar por una pequeña recompensa. Cuando se produce el efecto de habituación, podemos ahorrarnos la recompensa y felicitarlos solamente de manera verbal, si bien un pequeño premio —concedido de vez en cuando— a un niño nunca le va mal.

- Podemos recurrir al castigo cuando no haya más remedio, tras una conducta particularmente mala. Pero los perros sólo entienden que han hecho algo mal si se lo decimos de manera directa e inmediata, porque olvidan las cosas muy rápidamente. Si durante un paseo, por ejemplo, el perro intenta hurgar en el cubo de la basura del vecino, basta un «¡No!» tajante para recordarle que no se puede comer nada de lo que hay en la calle. Es posible que al cabo de un minuto ya no se acuerde del cubo de la basura del vecino. Si a pesar del «¡No!», insiste en hurgar en los restos de comida, hay amos que les dan una palmadita para que sepan que su conducta no es la adecuada. Sin embargo, esta norma no deber valer para los niños. Si el perro se empeña en hacer algo que está prohibido, los niños deben decirle un «¡No!» tajante y distraerlo con alguna otra cosa.

Siempre debemos corregir la mala conducta, aun cuando estén presentes otras personas ante las que no nos apetezca castigar a nuestra mascota. Muchos perros sólo obedecen las órdenes cuando se encuentran solos con sus amos. Es posible que cuando vayamos de paseo con otras personas y con otros perros, se pongan un poco nerviosos y ya no podamos fiarnos de que obedezcan nuestras indicaciones. Sin embargo, los perros también deben obedecer en situaciones que les produzcan estrés. La mala conducta de un perro no se puede disculpar. A veces los adultos no se toman en serio las instrucciones que un niño le da a un perro. Ésta es una mala manera de educar a un perro, pues el animal deduce que no debe obedecer al niño con la misma puntualidad que a un adulto.

• Si se quiere adiestrar al perro de forma correcta y sólida, las órdenes deben ser consecuentes. Para que las órdenes de un niño puedan ser obedecidas más fácilmente, al principio éste llevará al perro sujeto con correa para que vaya conociendo mejor sus instrucciones. Asimismo, las órdenes deben resultar claras para el perro y conviene impartirlas siempre de la misma manera. En esto los niños a menudo no son suficientemente consecuentes, o vacilan en el tono de voz, lo cual hace que unas veces las órdenes parezcan estrictas y otras, más laxas. Los animales, aunque no desean otra cosa que confiar en el niño, no entienden estos cambios. El adiestramiento consecuente de un animal puede servir también de modelo para que el niño tenga una conducta correcta en la vida cotidiana.

El hijo de mi vecino saca a su perro a pasear todos los días a las seis y media de la mañana, ya llueva, nieve, sean vacaciones o día de fiesta. El perro lo está esperando siempre, y el joven ha aprendido a ser una persona responsable, solvente y autónoma a pesar de las dificultades que se presentan a veces. Es difícil imaginar una situación pedagógica más favorable.

8.

Cuando no se puede tener un perro, ¿qué mascota elegir?

El Señor creó al perro pensando
sobre todo en los niños
(H. W. Beecher)

No todos los animales son apropiados para los niños. Los padres pueden ahorrar a los animales muchas penalidades, a sus hijos muchas lágrimas y a sí mismos muchos disgustos si se informan bien antes de adquirir una mascota. Sobre todo, si no quieren llevarse un chasco, deben saber que a cada mascota hay que cuidarla de acuerdo con sus necesidades: por ejemplo, no deberían extrañarse si ven que un hámster se pasa todo el día durmiendo. Cuando una familia ha decidido no adquirir un perro, puede elegir entre los siguientes tipos de mascotas:

Gatos

También los gatos hace buenas migas con los humanos y les gusta vivir en su misma casa. Sin embargo, la relación con los niños no es tan intensa como la que éstos mantienen con un perro.

Los gatos tienen una esperanza de vida de quince años o más. Los llamados gatos caseros están acostumbrados desde pequeños a no abandonar nunca la casa o la vivienda. Todo lo que necesitan, desde la comida hasta los juguetes, se encuentra en el recinto familiar. El mayor problema es qué hacer con ellos durante las vacaciones, pues a menudo resulta difícil encontrar a alguien dispuesto a ocuparse de ellos. Si los dejamos solos en la casa, estaremos cometiendo una infracción contra la ley sobre protección de animales. Asimismo, conviene recordar que los gatos tienen una necesidad instintiva de arañar. Son unos animales muy limpios y hacen sus necesidades en la casa, para lo cual utilizan siempre los utensilios adecuados para este fin.

También existen gatos domésticos a los que les gusta salir. Éstos no suelen servir para hacer compañía a los niños: juegan con ellos pocas veces y su manera de relacionarse es a menudo arisca o esquiva. Al igual que los gatos «caseros», también necesitan disponer de un lugar propio en la casa. Pero, aunque tengan un lugar fijo para dormir y comer, abandonan la casa siempre que les apetece. Con los gatos que se mueven libremente, conviene estar atentos cuando dejamos salir momentáneamente a los pájaros de la jaula.

También hay que tener en cuenta que los gatos pueden alejarse bastante de la casa y que pueden pasar varios días hasta que vuelvan. En este sentido, son muy difíciles de prever. Yo mismo tuve durante trece años una gata que abandonaba la casa en el momento menos pensado. Lo malo es que también lo hacía cuando había rabia o alguna otra epidemia en el barrio. Además, de vez en cuando volvía preñada, pero no había manera de poner coto a su libertad.

Conejos/Conejos enanos

Son muchos los padres que creen que los conejos son animales adecuados para jugar con los niños pequeños, pero eso no es cierto en absoluto. Antes se criaban conejos para comerlos. Hoy se crían distintas razas de conejos para tenerlos también en la casa y así ha sido cómo los conejos enanos se han abierto camino hasta el cuarto de los niños. Resultan atractivos porque, al tener una piel extraordinariamente blanda y los ojos relucientes, responden a una imagen típicamente infantil. Al igual que a los conejillos de Indias y a los hámsteres, los niños les dedican un amor «que mata», sin duda porque no están suficiente informados sobre su cuidado.

Si decidimos procurarnos un conejo enano, conviene consultar antes con el veterinario. Hay que comprar una jaula con un lecho desprovisto de polvo. La comida seca no suele ser suficiente, por lo que es necesario complementarla con legumbres, lechugas y hierba fresca. Además, es conveniente tener al menos dos animales del mismo sexo.

Pero hay que advertir que los conejos enanos no son muy adecuados para los niños porque les «dan poco juego».

Conejillos de Indias o cobayas

Los conejillos de Indias o cobayas proceden originariamente de Sudamérica, concretamente de los Andes, donde viven en libertad. Allí los conejillos de Indias son para los indios lo que para nosotros los pollos. Hoy en día siguen teniéndolos en la cocina, donde los cocinan, casi siempre a la parrilla. También se pueden comprar recién asados en la calle, al igual que ocurre aquí con los pollos.

En nuestros países, los conejillos de Indias están considerados unos animalitos muy lindos y se cree que son ideales para que jueguen con los niños, lo cual no es precisamente cierto. No resulta fácil cuidar a los conejillos de Indias, y menos para los niños. En general, en las casas, los conejillos de Indias tienen unas jaulas demasiado pequeñas. Su cuidado requiere prestar atención a muchos detalles. El error más corriente consiste en, por una protección mal entendida, proporcionarles un ambiente demasiado caluroso y seco en invierno cuando, al ser originarios de los altos Andes, estos animales prefieren el frío. También están acostumbrados a un elevado grado de humedad. Esto para ellos es más saludable que nuestro ambiente, a menudo muy seco a causa de la calefacción. También hay que evitar las corrientes de aire.

Las jaulas no deben estar en el suelo, pues cuando alguien se les acerca –por ejemplo, cuando los niños se inclinan sobre la jaula– les puede entrar pánico y es posible que intenten huir desesperadamente. Entonces tratan de esconderse. Por eso necesitan también un refugio para ellos; por ejemplo, una casita.

La comida seca debe estar enriquecida con legumbres, fruta y hierba. Y si por fin nos hemos decidido por un conejillo de Indias, es preferible elegir uno que tenga el pelo liso, pues así no necesitará un cuidado suplementario.

El conejillo de Indias no es una mascota adecuada para todos los niños, pues le gusta mordisquear. Suele hacerlo, principalmente, por tres motivos: posiblemente lo hemos cogido mal y él se siente poco seguro en nuestra mano; también puede ser que padezca una enfermedad de la piel y el dolor es un motivo frecuente para que se ponga a dar mordiscos; quizá también acabamos de pelar una zanahoria, y nuestros dedos tienen un sabor exquisito...

Es necesario limpiar muy a menudo la jaula de un conejillo de Indias, sobre todo porque, como yo mismo he podido constatar en la casa de mi vecina, hace sus necesidades con mucha frecuencia. A algunos niños esto le parece demasiado trabajo, además de que no tienen la recompensa de poder jugar con él.

Sin embargo, en otro sentido, pueden ser unas mascotas apropiadas para los niños, pues se comportan de manera muy sociable y se dejan coger con la mano. Por regla general, no muerden y causan pocos problemas. Eso sí, necesitan espacio para moverse: Puede ser en la habitación de la casa, pero también en la guardería o en la escuela. En este tipo de entorno son las mascotas ideales, pues pueden moverse libremente. Cuando vienen visitas, suelen ponerse a silbar. Los conejillos de Indias tienen mucha prole. Los retoños ya nacen con toda su piel. A los niños les suele gustar observar esto.

Los conejillos de Indias tienen una esperanza de vida de entre ocho y diez años y normalmente cuestan poco dinero.

Hámsteres

Los hámsteres son muy populares a causa de su aspecto atractivo y gracioso, pero sin embargo, muchas veces estos animales llevan una vida muy triste en la casa. Muchos padres creen que los hámsteres son mascotas particularmente apropiadas para jugar con sus hijos. En realidad, los hámsteres son animales que están activos de noche, y no les hace ninguna gracia que los molesten durante el día, mientras duermen, para jugar. En ese caso, lo más probable es que les dé por morder y que se comporten de manera agresiva.

Los hámsteres tienen una esperanza de vida bastante corta: unos tres años de media. Así, los que más sufran verán relativamente pronto el final de sus penalidades.

Se desaconseja, pues, la adquisición de un hámster. Al igual que otros animales que están activos durante la noche, no son mascotas adecuadas para los niños.

Pájaros

Tener un pájaro en casa es una tradición que viene de antiguo. Los periquitos y los canarios siguen gozando hoy de gran popularidad, pero también los loros grandes y los papagayos son muy queridos.

La gente suele adquirirlos a causa de su aspecto. Pero la verdad es que no sirven realmente como mascotas, y menos aún si la familia no ha tenido nunca una mascota. Por eso, antes de adquirir uno se debe buscar el asesoramiento de un veterinario.

Muchos papagayos se ven obligados a vivir en jaulas pequeñas. A la mayor parte de las familias no les gusta instalar una pajarera. Es mejor tener varios ejemplares, a pesar de que se siga creyendo que los papagayos y los periquitos se sienten mejor solos, pues así hablan más, o más intensamente, con las personas. Bueno, si les dedicamos mucho tiempo, esto puede ser verdad, pero sólo en ese caso; de lo contrario, es posible que desarrollen trastornos de conducta.

Peces

Se calcula que en los hogares alemanes hay alrededor de 3,2 millones de acuarios. En el caso de los peces, no se puede hablar de una relación recíproca entre hombre y animal. Por otra parte, muchos principiantes desconocen el tiempo y el dinero que se requieren para mantener un acuario en condiciones. La idea de que un pequeño acuario es más fácil de cuidar es falsa: los acuarios más grandes son de fácil instalación y mantenimiento, aunque también son considerablemente más caros.

Lo primero que hay que saber es qué clase de peces queremos tener: de agua fría o de agua cálida. No se recomienda tener peces de agua de mar, pues su mantenimiento supone un gasto muy elevado. Su cuidado habría que dejarlo en manos de los especialistas, pues a los niños les costaría mucho trabajo cuidarlos debidamente.

Hay que procurar también buscar especies de peces que sean mutuamente compatibles. Asimismo, la elección no debe basarse en consideraciones de tipo estético, sino biológico. A los propietarios de acuarios se les pide que lean libros especializados si no quieren que su *hobby* haga sufrir a los animales, aunque sea de manera involuntaria e inconsciente.

Ratones y ratas

Tener ratones resulta poco complicado, pero lo malo es que se reproducen con mucha rapidez, además de que desprenden un olor desagradable. Puesto que no es posible acariciarlos, no son adecuados para los niños pequeños, además de que resulta bastante difícil cogerlos. Para los niños de mayor edad, los ratones y las ratas no son suficientemente inteligentes y enseguida les resultan aburridos. Están bien para observarlos un ratito de vez en cuando.

Más adecuados como mascotas son los jerbos. Viven en grupo, son fáciles de adiestrar y no huelen mal. Para quien quiera tener ratones, los jerbos son más adecuados puesto que están activos de día y de noche. Necesitan una jaula espaciosa. Por regla general, viven entre tres y cuatro años, y su mantenimiento es bastante económico.

Las ratas necesitan más espacio que los ratones y, al igual que éstos, son fáciles de tener; pero son mucho más inteligentes. Las ratas se dejan adiestrar fácilmente y se pueden llevar a los lugares más inimaginables. Pero, para muchas personas, son unos animales poco estéticos.

Animales exóticos

En los últimos años el número de personas que tienen un animal exótico ha aumentado. Sin embargo, habida cuenta de lo mucho que cuesta su debida protección, es completamente desaconsejable tenerlos en una casa privada.

«Mascotas» por un tiempo limitado: insectos, lombrices, caracoles

Existe toda una serie de animales que se pueden tener y alimentar durante cierto tiempo. ¿Quién no se acuerda, de niño, de haber cogido un escarabajo, haberlo metido en un paquete de tabaco con agujeritos para respirar y un trozo de hoja para comer para, finalmente, devolverlo a su entorno natural? Al margen de quienes los emplean para fines de investigación o de puro coleccionismo, todos los niños saben que sólo pueden tener estos insectos durante unos pocos días.

Las lombrices suelen ejercer una especial fascinación sobre los niños. Las podemos observar a gusto construyéndoles una caja con madera y dos cristales. Conviene mantener esta caja ladeada. Entre los dos cristales (2 ó 3 cm de distancia entre ellos) se echa tierra, que puede ser de distintas clases. Dentro, colocamos las lombrices. Echamos encima un poco de abono orgánico, que cubrimos, a su vez, con tierra. Como abono podemos utilizar posos de café o restos de fruta. Los niños pueden entonces observar la evolución de las lombrices, así como su aprovechamiento de la comida. Conviene humedecer la tierra cada poco tiempo. Sin embargo, hay que evitar que se formen charquitos de agua. Al cabo de dos o tres semanas, dejaremos a las lombrices en libertad de nuevo.

También podemos tener caracoles durante cierto tiempo. Para ello fabricaremos un pequeño terrario, que puede ser de plástico, y en él echaremos unos dos dedos de tierra. No hay que olvidar poner también una ramita. Para comer, podemos darles hojas de toda clase, lechuga y restos de fruta. También en este caso hay que procurar mantener una humedad constante. Los niños suelen observar con sumo interés los movimientos de los caracoles.

Mascotas en casas de campo: cabras, ovejas, ponis y gallinas

La cabra es, junto al perro, la mascota más antigua que se conoce. La existencia de cabras se puede detectar ya en el siglo VIII antes de Cristo. Las cabras son unos animales extremadamente tercos, vengativos y golosos, pero también son especialmente inteligentes, juguetones y habilidosos. A este respecto, no está de más recordar que, en alemán, *zickig*, el adjetivo de «cabra», significa a la vez «caprichoso», «resabiado» y «chalado». La cabra está considerada desde tiempos antiguos como «una vaca pequeña», pues suministra leche, carne y piel a la familia.

Las cabras son animales gregarios, y, como tales, no se las debe dejar solas. Son muy robustas y poco propensas a contraer enfermedades. Si decidimos tener una, conviene recordar que no son apropiadas para los niños menores de ocho años, pues pueden derribarlos. Lo más recomendable es tenerlas en una granja o en una casa de campo. Los niños no pueden hacer muchas cosas con ellas.

Por su parte, las ovejas se encuentran muy a gusto en un rebaño y son silenciosas y frugales. Pero necesitan más atención de lo que se cree, pues hay que esquilarlas y cuidarles las pezuñas, y, además, cogen parásitos a menudo. Las ovejas son extraordinariamente mansas, y los niños suelen interesarse sobre todo por los corderillos, a los que se puede alimentar con el biberón sin ningún problema. Astrid Lindgren describe esto maravillosamente en su libro *Los niños de*

Bullerbyn. Las ovejas de mayor edad suelen resultar aburridas para los niños.

Los ponis están considerados unos acompañantes ideales para los niños. Tener un poni en el campo no suele resultar más caro que tener un perro o un gato pero, eso sí, necesita más espacio y un campo donde pastar.

Por último, en cuanto a las gallinas, éstas pertenecen al grupo de los animales fáciles de conseguir. Son aves de corral y, como tales, necesitan tierra donde poder escarbar y deben estar al aire libre durante todo el año. Muchas gallinas están tan bien adiestradas que se las puede coger en brazos. Para los niños, criar polluelos es una experiencia inolvidable, pero les resulta muy difícil asumir que también se los tenga que sacrificar. En cualquier caso, el lugar más adecuado para estos animales es una casa de campo.

9.
Cuando los niños maltratan a los animales

*Cuanto más trato con los hombres,
más quiero a mi perro*
(Federico el Grande)

El caso Fairfield

El 8 de marzo de 1997, un asistente del centro de acogida de animales de Fairfield, Iowa, un lugar que ofrecía a gatos y perros callejeros un refugio donde cobijarse y pasar tranquilamente sus últimos años, llegó a las instalaciones y, al abrir la puerta, se encontró con un espectáculo aterrador: por todas partes había sangre y miembros de animales despedazados. Había dieciséis gatos muertos, claramente degollados, y otros seis yacían en el suelo con las patas rotas y otras fracturas. Los animales que habían logrado sobrevivir estaban apretados en un rincón y mostraban evidentes síntomas de conmoción. Otros se habían escondido o habían huido del lugar. Se realizó una recolecta entre la población que permitió ofrecer una recompensa de 5.000$ para la busca y captura de los autores de la fechoría.[19]

Una semana después, la policía detuvo a tres jóvenes, dos de 18 años y uno de 17 años. Los tres estudiaban en el instituto, jugaban regularmente a fútbol y eran muy apreciados por sus compañeros de equipo. Ninguno de ellos había infringido anteriormente la ley. Uno de ellos declaró en contra de los otros dos para obtener una sentencia más leve.

La tortura de estos animales había ocurrido de la siguiente manera. Después de tomar unas cervezas en un bar, los tres jóvenes se dirigieron en coche primero a su casa para coger el bate de béisbol y, después, al refugio de los animales, que, al parecer, no estaba vigilado. Al llegar no vieron a nadie en el lugar; sólo había los cincuenta gatos callejeros que estaban recogidos allí. Mientras uno de los jóvenes vigilaba, los otros dos mataron a los animales. Al cabo de cinco minutos, abandonaron el centro de acogida. No se pudo aclarar si habían vuelto otra vez.

La muerte sin sentido de los gatos dejó a la población consternada. Se celebraron servicios litúrgicos, los veterinarios trabajaron gratis para atender a los gatos traumatizados y las redacciones de los periódicos locales se inundaron de cartas extremadamente airadas. Sus firmantes hablaban de «monstruos sádicos» y de «enfermos mentales».

Unos alertaron del mal rumbo que estaba tomando la juventud; otros se pusieron del lado del abogado de los jóvenes, el cual interpretaba aquel suceso como una acción propia de adolescentes alocados. Pero cuando se pasó a investigar más detenidamente la conducta general de aquellos jóvenes, se descubrieron algunos hechos interesantes, como por ejemplo, la existencia de una pegatina en la que se podía leer: «Si buscas tu gato, mira debajo de mis neumáticos». De uno de ellos se supo que había matado un gato de su madre y que, incluso, en cierta ocasión había llevado un arma a la escuela. El tribunal fijó una suma de 500$ como indemnización e impuso a cada uno de ellos 23 días de prisión con libertad condicional: un día en un centro de internamiento de menores por cada gato muerto. Cada uno fue, además, condenado a pagar una multa de 2.500$. No se habló de la necesidad de que realizaran terapia psicológica ni de que recibieran ninguna ayuda de índole educativa. En un programa de televisión, se le preguntó a un teniente de alcalde si había matado alguna vez un gato, y este contestó: «Yo creo que todo el mundo lo ha hecho alguna vez, de niño.»

Fairfield es un ejemplo escalofriante de que los niños y los adolescentes pueden atacar a los animales a sangre fría y sin ningún escrúpulo. Sucesos como el de Fairfield han hecho que en las escuelas se preste mayor atención a la presencia de posibles indicios alarmantes en niños y jóvenes, ya que uno de los indicadores para prevenir una desgracia es detectar situaciones de crueldad hacia los animales.

Un mes después de los sucesos de Fairfield, Luke Woodham acuchilló a su madre en Jackson, Misisipí, y después disparó con una escopeta a sus compañeros de clase, matando a dos chicas e hiriendo a otros siete compañeros. En su historial médico se descubrió que había torturado y matado con saña a su perro *Sparkle*. Woodham consideraba la muerte del perro como su primer asesinato. Junto con otro adolescente, golpeó al perro con una porra, lo metió en un saco de basura, lo roció con gasolina, le prendió fuego y, finalmente, lo arrojó a un estanque. He aquí algunas palabras suyas: «Nunca olvidaré sus gemidos ni cómo iba perdiendo vitalidad a medida que lo golpeaba. Le pegué tan fuerte que le arranqué la piel del cogote. Fue un espectáculo maravilloso.»

El 21 de mayo de 1998, Kipland Kinkel, quinceañero, disparó contra sus padres. Después disparó sus tres armas de fuego contra sus compañeros de clase. Uno de ellos murió y 26 resultaron heridos. Sus compañeros lo describieron como un joven agresivo y malintencionado. Kip se había jactado ante ellos de haber torturado a animales.

Con motivo de estos sucesos, se llevaron a cabo varios estudios científicos que ofrecieron un resultado claro. El martirio de animales –por regla general antes de los siete años de edad– es una de las primeras señales de que existen problemas de conducta graves, así como de toda una serie de problemas psicológicos, entre ellos un control deficiente de los impulsos, y un elevado grado de agresividad, brutalidad y desprecio hacia los sentimientos ajenos.[20]

Ya en 1849, el neurólogo francfortés Heinrich Hoffmann redactó así el cuento de *El malvado Federico*:[21]

> La historia del malvado Federico
> ¡Federico, Federico
> era un demonio de chico!
> A las moscas por las malas,
> les arrancaba las alas.

Mataba pájaros, gatos,
destrozaba sillas, platos
y su maldad era tanta
que azotó a la gobernanta.

Como se puede ver ya en el caso de *Federico el malvado*, la tortura deliberada de animales nunca aparece como un trastorno aislado en niños que, por lo demás, no llaman particularmente la atención, sino que suelen formar parte de toda una serie de manifestaciones como palizas, ataques de ira, vandalismo, pillaje, etcétera. En el 20 % de los jóvenes que han delinquido, se ha descubierto que han maltratado animales en el período de doce meses anteriores al acto delictivo.[22] No obstante, la mayoría de los que muestran problemas de conducta no suele torturar a los animales. Según las estimaciones, éstos son sólo un cinco por ciento de todos los niños que tienen problemas de conducta. Sin embargo, el resultado, y la realidad, es que miles de animales son torturados hasta morir.

El sadismo contra los animales asociado a la satisfacción personal suele encontrarse frecuentemente entre las experiencias infantiles de violadores, asesinos y otros criminales particularmente agresivos. Son numerosos los informes según los cuales las torturas a animales representan los primeros actos violentos de tales personas. Según una encuesta[23] de carácter científico realizada entre criminales especialmente agresivos –para un patrón de desarrollo invariable–, el 70 %

declaró recordar, al menos, una situación en la que había torturado o maltratado a un animal, y el 25 % recordaba cinco o más sucesos parecidos. Entre delincuentes no agresivos, solo el 6 % describe hechos parecidos. Lo mismo se confirma y repite en el caso de niños poco agresivos. Es interesante notar asimismo que, en los regímenes totalitarios, las personas que se dedican a obtener por la fuerza declaraciones o confesiones de los presos, por lo general, han torturado a algún animal durante su infancia.

Todos los estudios actuales ofrecen el mismo resultado: los delincuentes adultos que tienden a cometer actos violentos han torturado a algún animal con mayor frecuencia que otros. Cuanto más violento y socialmente inadaptado es un adulto, más brutal ha sido su comportamiento infantil con relación a los animales.

Por desgracia, no hay prácticamente ningún estudio sobre la frecuencia con que los niños maltratan intencionadamente a los animales ni sobre qué niños en particular puedan constituir un grupo de riesgo. Además, sobre el maltrato de animales suele haber una especie de pacto de silencio, sobre todo porque no se sabe con exactitud si se ha infringido o no alguna ley. Muchas personas que han observado el maltrato a animales por parte de algún niño se callan porque no quieren inmiscuirse en la manera de educar, o en la esfera privada, de sus vecinos.

A este respecto, es particularmente revelador el caso de J. Dahmer, que mutiló y mató a diecisiete hombres jóvenes.

De Dahmer se cuenta que, de joven, recogía animales que habían sido atropellados en la calle, los despellejaba y los crucificaba; de esta manera construyó un cementerio de animales situado detrás de su casa. Todos los vecinos habían fotografiado las pieles, y estuvieron sacando fotos durante varios años, pero ninguno de ellos llamó la atención de la policía sobre dicho cementerio ni informó a la oficina de protección de menores.[24]

Ya en el siglo XIII, Tomás de Aquino censuró la tortura de animales, asegurando que la Biblia prohibía la crueldad con los animales. Decía que quien maltratara a un animal, también maltrataba a su prójimo. Por su parte, el filósofo Immanuel Kant (1724-1804) criticó también la violencia contra los animales. En sus lecciones, al hablar del maltrato infligido a los animales, mostró cuatro grabados del artista británico William Hogarth titulados *The Four Stages of Cruelty*. En el primero, Hogarth pinta al protagonista atormentando a varios animales: ahorca a un gato y mete un palo por el ano a un perro atado. En el segundo, mata a su caballo y, en el tercero, apuñala a su mujer. En el cuarto, aparece él mismo ahorcado por asesinato. Luego lo vemos abierto en canal sobre la mesa de disección de un instituto anatómico. Encima de la mesa, un perro está olisqueando sus vísceras e intestinos, que le han extraído.

También hay cuentos de animales para niños en las que el maltrato a los animales es duramente criticado. Uno especialmente hermoso es el que escribió, en 1877, Anna Sewell sobre el caballo *Black Beauty*. En este relato, Black Beauty se defiende de unos jóvenes que arrancan las alas a las moscas, tiran piedras a los caballos para hacerlos correr más y azotan a los ponis. Anna Sewell es una de las primeras autoras que describe este tipo de fechorías desde el punto de vista del animal que sufre.

En el siglo xx, la jurisprudencia penalizó el maltrato a los animales. Sin embargo, queda la cuestión de saber por qué un niño maltrata deliberadamente a un animal. La mayoría de los niños consultados responden a esta pregunta diciendo que lo hacen «por diversión». Resulta difícil conocer unas causas y relaciones más precisas.

En la bibliografía especializada, a menudo se debate si los niños que tienen un menor control de sus impulsos, menos capacidad de decisión propia, que muestran un gran derroche de actividad y poca flexibilidad frente a los cambios son más propensos a infringir las normas. ¿Tienden a hacer daño a otros niños, muestran una conducta asocial y están predestinados a maltratar a los animales? Esto puede valer para algunos casos individuales; pero según hemos podido observar en nuestro trabajo con niños asociales, éstos casi siempre tratan a los animales de manera muy amable y cuidadosa.

Abuso sexual, maltrato infantil y maltrato animal

Sobre el tema de los abusos sexuales en la familia, en los informes encontramos una y otra vez que las víctimas son obligadas a presenciar la tortura de un animal. Se las amenaza con matar a una mascota para meterles miedo, conseguir su docilidad o advertirlas de lo que podría pasarles si huyen o se resisten. Asimismo, muchas mujeres que buscan refugio en hogares para mujeres maltratadas denuncian que sus parejas masculinas las suelen amenazar con hacer daño a la mascota. Amenazas que, con frecuencia, se llevan a la práctica hasta la muerte del animal.[25]

A menudo los hijos son testigos de tales crueldades. Muchos intentan proteger a la mascota escondiéndola o llevándola a un lugar seguro. Una y otra vez describen el horror que sienten cuando se maltrata a su querida mascota. Según varios estudios realizados en Estados Unidos, el 88 % de los padres que poseen una mascota y maltratan a sus hijos han sido denunciados alguna vez por actos violentos contra los animales.

Por desgracia, los niños y los adolescentes de familias problemáticas que viven en zonas deprimidas y en cuyas familias existe la presencia de criminalidad, droga y violencia, muestran una mayor predisposición a maltratar a los animales. Para ellos, maltratar y dar muerte a gatos o a otros animales es una simple manera de desahogarse. Algunos adolescentes me han hablado, incluso, de pandillas que practican la tortura de animales como ritual de iniciación en el grupo. A este respecto, el amor y el maltrato a los animales pueden llegar incluso a ir de la mano. He aquí lo que cuenta una maestra de primaria:

Cuando los niños de su clase se disponían a cambiar el agua de los peces, Frank tuvo la siguiente idea: «¿Por qué no los pisoteamos?». Antes de que la maestra pudiera intervenir, ya habían tirado los peces al suelo y los estaban pisoteando. A los niños se los veía entusiasmados, y no parecían sentir el menor arrepentimiento. Frank dijo: «Ahora vamos a meterlos otra vez en el agua, y seguro que reviven.»

La siguiente historia me la ha contado una amiga mía que hace unos años fue a un refugio de animales en busca de un cachorro. Se decidió por un teckel de pelo hirsuto llamado *Anton*. El perrito daba pena: hasta ese momento, solo había tenido contacto con las personas cuando le echaban comida a la perrera portátil o se acercaban a él para pegarle.

El primer día que el perrito pasó en su nuevo entorno fue muy difícil para él. Hasta ese momento, siempre había tenido miedo a los seres humanos. Se escondía debajo de la mesa o en rincones oscuros; pero lo que en realidad prefería era encerrarse en su perrera portátil. *Anton* no podía ver a nadie de la familia. Cuando oía hablar a los familiares entre sí, volvía a meterse en su perrera. Allí se sentía especialmente seguro. Aunque la puerta siempre estaba abierta, permanecía todo el día allí dentro, y solamente salía cuando lo obligaban, más o menos, a ir de paseo. Tenía los ojos turbios, como si estuvieran cubiertos por un velo. Según la a veterinaria, esto era corriente entre los perros que vivían atemorizados. La dueña del cachorro hacía por él todo lo que podía, Pero no veía ningún progreso. A pesar de todo, seguía intentando entablar relación con él. Cuando todos se habían ido a la escuela o al trabajo, ella se sentaba en el suelo y le hablaba. Pero el perro no la miraba, sino que fijaba los ojos en la dirección contraria. Conmovida por todo lo que el pobre animal debía de haber sufrido en el pasado –hambre, aislamiento, violencia–, empezó a sollozar. Cuanto más se imaginaba lo mal que lo había pasado su perrito, más conmovida se sentía. Le daba mucha pena que hubiera padecido tanto por causa de los seres humanos. Un día, su compasión llegó a tanto que se le saltaron las lágrimas. De repente, notó un ligero roce en la mano. Entre lágrimas vio que *Anton* había salido de su perrera y estaba sentado a su lado lamiéndole las lágrimas de la mano. Ella lo acarició y le prometió que no volvería a pasarle nada malo nunca más. Y aquel perro que había sufrido lo indecible le abrió su corazón. Todavía hoy ella es el único ser humano en el que *Anton* confía plenamente. Los dos están unidos de una manera muy especial. Cuando ella lo llama, él mueve la cola, se pone a ladrar y parece pletórico de felicidad. Cuando ella está sentada, él se le sube encima e intenta lamerle la cara. Después de prometerle de nuevo que no volverá a pasarle nada malo, lo abraza con fuerza y le dice cuánto lo quiere.

10.
Los animales
en la terapia y en la escuela

El lenguaje de los hombres sirve para expresar, simular u ocultar sentimientos. El lenguaje de los perros no conoce la mentira.

(Anónimo)

Ya en la antigüedad se empleaba a los animales para el tratamiento de los adultos enfermos.[26] En la Europa medieval, los animales desempeñaban también una función especial para conseguir la curación. Hacia finales del siglo XVIII, un grupo de cuáqueros utilizó perros para tratar a personas con problemas mentales, con la esperanza de curarlas de esta manera. Desde el punto de vista actual, su planteamiento era bastante avanzado. Instalaban a los enfermos en jardines en los que había animales de pequeño tamaño, como conejos y gallinas, con la intención de facilitarles un estilo de vida lo más normal posible. Asimismo, les permitían llevar su propia ropa en vez de la vestimenta reglamentaria, cuidar de los animales y cultivar y recoger los productos del huerto. El director del centro, William Tuke, creía que el simple hecho de cuidar a los animales reforzaba el autocontrol y la responsabilidad de los pacientes, lo cual redundaría, finalmente, en la curación de su ofuscación mental. En su opinión, el cuidado de los animales y el contacto con la naturaleza lograrían distraer y entretener a los pacientes, y hacerles centrar la atención en aquéllos, de modo que los síntomas de su enfermedad acabarían desapareciendo o, al menos, perdiendo fuerza.

En el siglo XIX se empezó a adiestrar a los primeros perros para guiar a personas invidentes. En Francia, las gravaban con menos impuestos. En sus *Notes on Nursing* (1860), Florence Nightingale afirmó que los animales podían ser unos acompañantes excelentes para los enfermos. En Bethel, Alemania, por la misma época, se empleaban ya animales para curar a personas enfermas, sobre todo a personas epilépticas. Pero en todos esos casos la terapia iba siempre dirigida a adultos, no a niños.

Jingles, el perro de terapia de Nueva York

Sobre el empleo de animales en el tratamiento de niños con trastornos psíquicos no se tienen noticias hasta principios del siglo XX. El psiquiatra y psicólogo infantil Boris Levinson trabajó con excelentes resultados con niños autistas en Brooklyn, Nueva York, utilizando como coterapeuta a su perro *Jingles*.[27] Levinson descubrió que, gracias a la participación del perro, conseguía que los niños se abrieran y mostraran una actitud más positiva.

Normalmente, *Jingles* permanecía tumbado a los pies de su amo mientras éste trabajaba en su escritorio. Pero nunca entraba en la sala de consulta. Un día, bastante antes de la hora de inicio de la consulta, se presentó una madre con su hijo pequeño. El niño, que mostraba claros síntomas de trastorno psíquico, ya había realizado varias terapias.

Según cuenta Levinson, después de vacilar un poco al un principio, accedió a dar cita al niño para hacerle un diagnóstico. Como se ha dicho, el azar quiso que los aturdidos padres llegaran con una hora de adelanto sobre la cita fijada.

Levinson estaba sentado en el escritorio enfrascado en su trabajo. Su perro estaba recostado a sus pies, como siempre, antes de la llegada de los pacientes. Levinson fue a atender rápidamente a la familia, sin acordarse del perro. Éste, por su parte, corrió apresuradamente hacia el niño, lo saludó impulsivamente y le lamió la cara. Para sorpresa del terapeuta, el niño no mostró ningún miedo ante perro sino que, por el contrario, empezó a acariciarlo. Los padres intentaron separarlos, pero Levinson les hizo una señal para que no intervinieran. Al cabo de un rato, el niño preguntó si el perro jugaba con todos los niños que iban a la terapia. Levinson le dijo que sí, el niño anunció que quería ir más veces a la consulta para jugar con el perro. Entonces, Levinson decidió que el perro estaría presente durante las sesiones. Habló con la madre y examinó al niño. Durante las siguientes sesiones, el joven prestaba toda su atención al perro, haciendo caso omiso de Levinson, así que éste decidió conversar también con *Jingles*, y de esta manera el animal se convirtió en un intermediario entre el terapeuta y el niño.

Levinson empleaba al perro frecuentemente en sus charlas terapéuticas. Así, a medida que se iba llenando de comederos, colchonetas y juguetes caninos, la sala de consulta resultaba cada vez más acogedora. A diferencia de los peluches empleados en la terapia lúdica infantil, el perro reaccionaba directamente a cualquier gesto o acción del niño y se comportaba igual que se comporta cualquier perro. Echaba un pequeño sueñecito, iba de un lado para otro, comía algo de vez en cuando, se hacía un ovillo, se lamía los genitales, se rascaba o se ponía patas arriba.

Levinson utilizaba a *Jingles* frecuentemente para hablar con los niños cuando la conversación con éstos resultaba prácticamente imposible. En tales ocasiones, se ponía a hablar con el animal sobre los problemas de los niños.

Levinson también otorgaba mucha importancia a los paseos que daba junto con sus pacientes y el perro. Sin permitir nunca que un niño hiciera daño al perro, observaba cómo el niño reaccionaba ante el perro y su entorno, o si el niño cogía la correa, la soltaba, daba órdenes y premiaba al animal. También se interesaba por la reacción del niño cuando el perro hacía sus necesidades, o qué pasaba cuando entraba en escena otro perro.

Para los defensores de la terapia con animales, el libro de Levinson *Pet-Oriented Child Pshychotherapy* se convirtió en la obra de referencia para el tratamiento de niños. Sin embargo, este tipo de terapia apenas ha logrado imponerse en algunos lugares. Los psicoanalistas, por ejemplo, suelen burlarse de ella.

También los colegas de Levinson se mofaban de él por emplear animales en la terapia. Sin embargo, él siguió practicando impasiblemente esta terapia e informando cumplidamente de sus progresos en este sentido. Es suya la doctrina de que los niños deben crecer con alguna mascota, pues así se sensibilizan mejor respecto de las necesidades de los demás. También fue el primero en recomendar la presencia y colaboración de los animales en hospitales y en residencias de la tercera edad.

El perro como «coterapeuta»

Hoy estamos convencidos de que, empleando un animal en la terapia, los niños

- están más motivados, pues les divierte estar con un animal
- gracias a su interacción con el animal, se distraen y, a la vez, se motivan para trabajar más tiempo y más intensamente en sus propios problemas
- sienten cariño, pues pueden tocar al animal, acariciarlo y cogerlo en brazos: por regla general, éste se entrega al niño sin condiciones
- muestran una mayor confianza hacia el terapeuta, pues les gusta verlo trabajar en colaboración con un animal en el cual se puede confiar ciegamente.

Actualmente se está recurriendo cada vez más a los animales también para la toma de contacto con niños en situaciones preterapéuticas.

Vanessa es una niña con graves trastornos de conducta y no menos graves problemas de peso. Resultaba evidente que su autoestima había disminuido considerablemente a consecuencia de las bromas y jugarretas malintencionadas de que era objeto por parte de sus compañeros y compañeras. Nadie sabía nada de cómo era su vida familiar: raras veces hablaba al respecto y cuando lo hacía, se irritaba enseguida.

Yo tenía que diagnosticar a Vanessa. Decidí ir acompañado de mi perra, una border collie, al aula de su grupo, donde era tratada y cuidada. Me encontré con su tutor delante de la escuela y nos sentamos un rato en un banco junto a la puerta. Cuando sonó la campana, los niños salieron en tromba por la puerta y reaccionaron enseguida a la presencia de la perra. Preguntaban: «Es tuyo el perro?», o «¿Lo puedo acariciar?» «Es una perra», les aclaré. «Se llama *Fly*.» «¿Muerde?» «¿La puedo tocar?» «¿Puedo ir a pasear con ella?». Yo contesté con paciencia a las diferentes preguntas de los niños y les expliqué que por la tarde iríamos a visitar al grupo.

Fuimos todos juntos al aula del grupo. Entonces llegó Vanessa. Sin reparar apenas en la perra, se sentó en una mesa muy alejada del grupo. Cruzó los brazos y posó la cabeza sobre la mesa. Una tutora le exigió que se pusiera erguida, pero ella no hizo caso. Mientras el grupo, que se había sentado en corro, charlaba sobre lo que come y necesita un perro, Vanessa nos observaba desde su rincón, pero sin mostrar intención alguna de querer unirse al grupo. Después, los niños dijeron que querían salir. Se levantaron todos menos Vanessa, que seguía sentada. Como los border collies son perros de ganado y también «protegen» a los humanos, *Fly* se puso muy nerviosa al notar que Vanessa no se unía a los demás. Se le acercó, puso la cabeza en sus manos y la empujó levemente con el hocico. «Le gustaría que vinieras también», le expliqué. Vanessa no contestó, pero acarició a *Fly* ligeramente detrás de las orejas. Aquello bastó para que mi perra se pusiera patas arriba, esperando que le acariciaran también la barriga. Vanessa abandonó su asiento y se puso a acariciar a *Fly*. «A ti te gustan los perros, ¿verdad?», pregunté. Vanessa asintió con la cabeza, sin pronunciar palabra. «¿Tú también tienes un perro?», seguí preguntando. «Tuve uno», susurró sin mirarme a la cara. Tenía los ojos fijos en la reluciente piel negra de *Fly*. «¿Qué le pasó a tu perro?», inquirí con curiosidad. «Mi madre se empeñó en que se fuera de casa», contestó. «No le gustaba el perro. Era demasiado sucio y demasiado ruidoso para su gusto. Lo echó a garrotazos.» «Vaya, cuánto lo siento», dije. «Supongo que lo echas de menos.» Vanessa se limitó a asentir con la cabeza. *Fly* se le acercó y le lamió la cara al verla tan quieta. A Vanessa se le escapó una risita. Sonreía muy pocas veces. Se levantó, dio media vuelta, hizo una señal con la mano sonriéndome amablemente y salió corriendo acompañada de *Fly*.

Por supuesto, esta única visita no podía hacer que la situación de Vanessa cambiara de modo definitivo. Pero sí demuestra que se pueden encontrar nuevas maneras de acceder al mundo interior de un niño. Aquello era el principio de una posible terapia. La manera de acceder la encontró *Fly*. Esto hay que apuntárselo en su haber.

A menudo mi perra está presente en las sesiones terapéuticas que tengo con los niños y sus padres. En tales ocasiones se acuesta en su sitio y se pone a dormir. Ya desde el principio, los niños presentes valoran positivamente el ambiente relajado que eso genera. Muchos se niegan a saludarme o a darme la mano, pero cuando les pregunto si les gustaría saludar a *Fly*, por regla general no tienen ningún problema. También les gusta ponerle agua o darle algo de comer. Y, naturalmente, también se interesan por el contacto físico: les gusta mucho acariciarla. Casi siempre que llego a una escuela primaria en mi función de orientador psicológico y aparco en el patio, los niños miran enseguida al coche, y, si está vacío, preguntan: «¿Hoy no has traído a la perra?»

También puede ser muy valiosa una relación positiva entre un niño y un animal cuando el primero tiene, o puede tener, algún trastorno psicológico grave. Pero, a diferencia de las mascotas, los animales de terapia ejercen una función claramente delimitada en un proceso terapéutico. Si bien creemos que una terapia apoyada en animales tiene efectos positivos en la salud psíquica de los pacientes, sin embargo esto no se ha probado aún de manera fehaciente. Faltan estudios empíricos, y con frecuencia se habla de los efectos de tales terapias de una manera un tanto anecdótica. Además, el terapeuta está influido por su implicación personal positiva con el animal.

A mis consultas acuden frecuentemente niños que se niegan a hablar. Mientras mi border collie está sentada en una silla, casi siempre introduzco una conversación en la que intento enterarme del historial del niño. Entonces le digo al niño que a mi perra le gustaría saber algo concreto. «A *Fly* le gustaría saber dónde vives.» Naturalmente, el niño recibe también información sobre el animal. De esta manera se desarrolla rápidamente un diálogo animado.

Se puede emplear un animal como «coterapeuta» cuando el acceso psicológico al paciente resulta particularmente difícil. El animal ejerce entonces de intermediario. Y la interacción con él debe facilitar la relación y comunicación entre paciente y terapeuta.

También con niños hiperactivos he podido constatar que se muestran más tranquilos cuando está presente un animal. Un joven hiperactivo me confesó un día: «Cuando estoy con el perro me siento más relajado». Según varios estudios realizados, el trato con un animal hace incluso bajar la tensión arterial. En mis cursillos terapéuticos vacacionales con niños agresivos, he podido asimismo constatar una y otra vez que mi perra ejerce un efecto tranquilizador en niños que sufren accesos de ira. Muchas veces he tenido que alargar el recreo porque un niño no se podía calmar. Cuando se iba a la cama, en medio de su ira y entre lágrimas, le preguntaba: «¿Puede venir *Fly*?» «Si ella quiere, de acuerdo; por mí no hay ningún problema.» La mayoría de veces, *Fly* acudía con entusiasmo, pues sabía que en tales ocasiones podía acurrucarse en una cama. Entonces el niño se metía debajo de la manta con *Fly*, la abrazaba, sollozaba un poco y en seguida se volvía más tratable. Mi perra aprendió deprisa que los niños que perdían los estribos solían disfrutar de una pausa en la cama. Entonces ella acudía sin que la llamaran, dispuesta —no del todo desinteresadamente— a «consolar» a quien quiera que fuera.

El trabajo con un animal ha tenido efectos igualmente positivos en niños con graves problemas de autismo. Los autistas suelen perder los estribos cuando algún plan que se han propuesto se les tuerce.

Jan, un niño autista, perdió completamente los estribos durante su primera tarde en las instalaciones vacacionales porque no había ganado en un juego. Empezó a gritar, a dar patadas, a repartir puñetazos a su alrededor y a insultar a todo el mundo sin que hubiera manera de calmarlo. Incluso se tiró al suelo. Sin embargo, a la perra no le hizo nada, ni le gritó. Aquella misma noche, al volver a su habitación, preguntó si *Fly* podía ir con él. Se lo permitimos. En otras ocasiones en las que Jan estaba enfurruñado, *Fly* lo acompañaba casi siempre. Y así, poco a poco empezó a dominar sus ataques de ira. Al quinto día, Jan ya no perdía los estribos cuando no ganaba en algún juego.

La intervención del animal tuvo un efecto muy positivo en la conducta del niño, pues éste dejó de aislarse y su interacción con el grupo mejoró de manera sensible.

Los animales influyen en nuestra conducta social

En la terapia con niños discapacitados, se ha demostrado que los animales no sólo son de gran utilidad para éstos, sino que también influyen en que las personas de su alrededor entablen contacto con ellos y los traten con naturalidad.

Uno de los principales problemas de los niños discapacitados es su dificultad para entablar contacto con niños de su edad que no tienen ninguna discapacidad. En las clases de integración, a menudo observamos que los niños evitan a sus compañeros discapacitados. Cuando los niños organizan algún juego, no suelen contar con ellos. También en entornos extraescolares –en el supermercado o en lugares de recreo– se puede observar un patrón muy parecido.

En su libro *Why the Wild Things Are*, Gail F. Melson[28] afirma que los animales pueden fomentar y suscitar conductas positivas en el trato con niños discapacitados. La visión de un niño espástico que se mueve de manera descontrolada resulta desagradable para casi todos los niños. Aunque lo quieran disimular, sus reacciones suelen ser siempre negativas. Pero esto es distinto si, en terapia, un niño discapacitado va acompañado de un perro. Esto se demostró en una prueba en la que cinco niños discapacitados fueron acompañados a terapia por cinco perros. Pues bien, resultó que fueron objeto de una gran atención por parte de los demás niños: miraban a los perros, sonreían, entablaban conversación y se mostraban amables y comprensivos. Después se hizo otra prueba con otros cinco niños en sillas de ruedas y con síntomas parecidos pero sin ningún perro que los acompañara. Durante el tiempo que duró la compra, casi ningún niño los miró ni entabló conversación con ellos.

El empleo de perros en la escuela muestra unos resultados parecidos. Los niños en sillas de ruedas que iban acompañados por un perro eran aceptados en gran medida, mientras que los que no iban con perro apenas eran objeto de atención: solo un 20 %, en comparación. Asimismo, los que llevaban perro entablaban rápidamente conversación, mientras que a los que no llevaban perro apenas les hablaban ni les sonreían.

El hecho de que la mera presencia de un animal incremente en tal medida la aceptación social de los niños discapacitados da que pensar. La psicóloga Fiona Innes[29] llevó a cabo una prueba en la que mostró a niños de cinco años diversas fotos de niños en sillas de ruedas. En unas fotos, los niños en sillas de ruedas iban sin perro, mientras que en otras se les veía junto a un perro precioso de tamaño mediano. Después de enseñarles todas las fotos, se les preguntó: «¿Qué niños os gustan más?» La respuesta no pudo ser más unánime: les gustaron más los niños que iban acompañados de un animal. Luego se les preguntó también: «¿Cómo podríais ayudar a todos estos niños?» Casi todas las respuestas se refirieron a niños que aparecían en las fotos acompañados de un perro.

Particularmente dignos de mención son los ensayos realizados con niños difíciles —o delincuentes jóvenes— y animales. A los chavales se les asignaba un animal con la tarea de educarlo y cuidar de él. Un trabajador social comentó lo siguiente sobre dicha experiencia: «Los animales no discriminan acerca de los actos de un joven. Sus historiales les son completamente indiferentes». La aceptación y el cariño mostrado a los animales tuvieron una repercusión y un efecto sumamente positivos en todos los chavales.

Las personas de mayor edad y los animales

Se ha comprobado que se obtienen muy buenos resultados cuando las personas mayores entran en contacto con animales.[30] Según han demostrado numerosos ensayos, también los enfermos graves de Alzheimer, arteriosclerosis y depresiones profundas se vuelven socialmente más comunicativos cuando tienen animales a su alrededor. Sonríen más, colaboran mejor con el personal sanitario y se comportan con mayor amabilidad. Otros ensayos se han centrado en los efectos que produce el acariciar, charlar e interactuar con los animales. Se ha demostrado que, especialmente en personas depresivas y muy cerradas en sí mismas, el trato con animales es como una llave que abre la puerta del contacto con los demás. Los animales sirven de preparación para iniciar una terapia corporal, pues los pacientes ya han aprendido a inclinarse y a estirarse para acariciar a un perro cariñoso o a levantar a un gato que está ronroneando.

Terapias de equitación

Hace ya unos cincuenta años que existe la terapia de equitación para niños. El suave movimiento del lomo del caballo produce unos resultados sorprendentes en el tratamiento de distintas enfermedades físicas y psíquicas, incluidas las personas discapacitadas.

Se distinguen dos formas de terapia: la hipoterapia y la cabalgada terapéutica. La cabalgada terapéutica se propone curar trastornos tanto físicos como psíquicos con la ayuda de un caballo.

Por su parte, la hipoterapia es una forma de terapia gimnástica para niños con trastornos cinéticos o neurológicos (por ejemplo, esclerosis múltiple). Los niños no aprenden técnicas de montar, sino que, por regla general, un fisioterapeuta los trata volteándolos encima de un caballo. Los pacientes no controlan al caballo, pero reaccionan a sus movimientos. Esta terapia incrementa, pues, la sensibilidad ante distintos movimientos. Produce una mejor sensación corporal, lo cual, a su vez, produce efectos positivos en la postura y en el equilibrio en general.

En psiquiatría, la cabalgada terapéutica puede ayudar a complementar el proceso de un tratamiento. Aquí tiene la función de posibilitar la futura psicoterapia.

¿Quién no ha oído hablar, a este respecto, de la hipoterapeuta Lis Hartel, la joven danesa que se quedó paralítica a causa de la polio? Tras varios años de duro entrenamiento, consiguió ganar una medalla de plata en los Juegos Olímpicos de 1952. Con posterioridad, desarrolló un programa terapéutico que permitía a las personas discapacitadas ejercitarse con la ayuda de un caballo.[31]

Terapia con delfines

La terapia con delfines se emplea, sobre todo, con niños físicamente discapacitados y con retraso mental. Mediante el contacto físico directo con un delfín –nadando y jugando con él–, los terapeutas buscan obtener efectos positivos en la motricidad gruesa y fina de niños discapacitados, así como en su capacidad de expresión –verbal y no verbal– y de contacto con los demás. Después de dos semanas de terapia, se suele hablar ya de una mejora sensible en los aparatos fonador y motor. No obstante, tampoco los efectos de la terapia con delfines están demostrados científicamente. El psicólogo conductista americano David Nathanson, que ha desarrollado un programa terapéutico en este sentido, está convencido de que se puede estimular a los niños enfermos y discapacitados con la ayuda de los delfines, poniendo así en funcionamiento varios procesos de aprendizaje. En su opinión, la terapia con delfines refuerza otras formas de terapia tradicionales, además de que el contacto con un delfín representa una recompensa a la colaboración del niño en el proceso terapéutico.[32] La terapia con delfines suele resultar bastante cara.

Los que la han conocido de cerca hablan, por regla general, en términos favorables. Así, los padres del pequeño

Albert, que había contraído una extraña disfunción en el metabolismo, describen sus impresiones de la siguiente manera:[33]

«Por supuesto, no esperábamos ningún milagro… Acudimos con la única esperanza de que Albert se riera de manera normal y disfrutara en contacto con un delfín. Pero lo que vimos fueron mucho más que "pequeños progresos" […] En Florida, con la ayuda de su delfín […] Albert ha aprendido a agarrar correctamente. Cuando agarra algo, cambia incluso de mano, coge juguetes desconocidos y ahora puede palpar su pequeño mundo. Está también mucho más atento, establece contacto ocular con nosotros, sigue todo con la mirada y se alegra de muchas cosas […] Lo más bonito es que todo lo que aprende se le queda […] Y cuando alguien nos pregunta cómo se ha producido este cambio, no sabemos qué contestar. La verdad es que nos da completamente igual. Simplemente es así.»

Animales con estrés terapéutico

A los animales no siempre les resultan agradables las situaciones terapéuticas. A veces acaban desarrollando estrés. Cuando un terapeuta detecta el menor signo de estrés, debe reaccionar enseguida. A los animales que participan en una terapia conviene que los conozcamos muy bien y que estemos sensibilizados respecto de sus necesidades. También los niños deberían estar informados al respecto, pues a veces exponen a sus animales a situaciones que, sin ser terapéuticamente relevantes, sí son estresantes para ellos. Por ejemplo, un espacio demasiado estrecho o con demasiadas personas, un nivel de ruido elevado o no mantener la debida distancia...

Los animales muestran su estrés de varias maneras. Por ejemplo, los perros se mueven sin parar, jadean y escupen. Se les dilatan las pupilas, se comportan con desasosiego, bostezan constantemente (para reducir el estrés), intentan irse, o hacen sus necesidades constantemente. En los gatos, su intranquilidad salta a la vista: acusan una pasividad desacostumbrada. Los conejos se sienten tensos. Se estremecen por cualquier cosa. Se les dilatan las pupilas y jadean ruidosamente al respirar. Los pájaros, en cambio, parecen indiferentes. Adoptan un aspecto desgreñado y practican el retraimiento. Muchos picotean sin parar. En la comunicación con sus «coterapeutas» animales, el terapeuta debe prestar mucha atención a cómo se sienten éstos después de una sesión.

En su libro *El lenguaje canino*,[34] Matthew Hoffman explica cómo un perro puede expresar sus sentimientos en situaciones terapéuticas. Un perro con los ojos muy abiertos está expresando, por ejemplo, que se siente muy sorprendido o que tiene miedo. Un perro asustado muestra su tensión en la cara y parece como si estuviera contrayendo los labios, mantiene las orejas pegadas a la cabeza, la cabeza gacha, y no mira al objeto que le produce miedo.

En situaciones de terapia, mi perra suele estar muy estimulada. A veces muestra la misma conducta que los niños hiperactivos en cuya terapia participa. En tales ocasiones parece estar completamente «abierta a cualquier estímulo»: cualquier cosa la distrae y entonces no sabe qué hacer. A veces, al cabo de unos minutos, se centra en lo que está haciendo; pero también hay días en los que, simplemente, abandona la estancia porque la situación no le gusta. Es particularmente sensible al ruido y a los niños muy ruidosos. Si un niño le grita, da inmediatamente media vuelta y se aleja. Si los niños hablan demasiado fuerte, ladra o rezonga sin parar. Los niños comentan entonces la conducta de la perra y concluyen: «Hay demasiado ruido para *Fly*. ¡Más bajito!» Por regla general, los niños acatan enseguida estas indicaciones por amor al animal. Hablan más bajito, y la perra se tranquiliza. En situaciones terapéuticas, hemos constatado que sobre todo la conducta de niños impulsivos que hablan sin parar y no saben esperar ni bajar el ritmo se curan más deprisa y mejor con la ayuda de un animal. Con mi perra se muestran enseguida gustosamente atentos y considerados, cosa que rara vez hacen con los humanos.

Los animales, invitados a clase

«La escuela primaria se rinde a los perros.» Así se titulaba un artículo publicado en el diario *Marburger Neuen Zeitung* el 6 de marzo del 2007. En él se hablaba del caniche grande *Coffee*, de quince meses de edad, al que estaban adiestrando para acompañar a ciegos y que estuvo de «prácticas» en una escuela primaria durante varias semanas. La directora del centro se mostró muy contenta con los resultados, pues los niños trabajaban más relajados y más centrados. En el transcurso de estas «prácticas», el perro se acercaba selectivamente a los niños que tenían especiales problemas de atención. Pasaba mucho tiempo con ellos. El resultado fue que estos niños acabaron comportándose de manera más sosegada y dedicando más tiempo a un mismo asunto.

Al igual que otras cuarenta escuelas de Alemania, también la de Balhorn ha invitado a un perro a clase. Es un boyero de montaña bernés llamado *Bjarki* que va a la clase tres días a la semana. El personal docente de la escuela está convencido de que la sola presencia del animal influye positivamente en el ambiente general que se respira en clase.

Uno de los ensayos consistió en repartir entre cada clase animales variados (conejillos de Indias, hámsteres, conejos, peces). Se observaron cuatro formas distintas de interacción:[35]

1. Interacción directa:
   Los niños se quedaban mirando al animal, lo cogían en brazos, lo acariciaban, lo llevaban de una parte a otra y hablaban con él.
2. Cuidado:
   Los niños alimentaban al animal, le cambiaban el agua, le limpiaban la jaula y se preocupaban por encontrarle un lugar donde reposar.
3. Aprendizaje:
   Entre los niños se produjo un fructífero intercambio

de información: hablaban detenidamente sobre el animal, sus características, su conducta y sus necesidades.
4. Conducta social:
Los niños se entretenían charlando sobre cómo mantener limpia la jaula del hámster, cómo repartirse el trabajo entre ellos o sobre la posibilidad de hacer el trabajo en grupo.

La directora del ensayo observó que se produjo una importante interacción tanto entre los distintos niños como entre los niños y los animales. En sólo una hora de clase tuvieron lugar 46 interacciones: 29 situaciones relacionadas con la comida; 19 con el aprendizaje y 21 con la conducta social –influida por el animal–. Los diferentes animales que había en la clase despertaban una y otra vez la curiosidad de los niños.

Se preguntó a las profesoras y profesores qué pensaban del empleo de mascotas en la escuela y qué efectos educativos atribuían a los animales. El 85 % de ellos declaró que, gracias a las mascotas, los niños desarrollaban una mayor responsabilidad, autonomía y conciencia del deber y el 67 %, que los animales aportaban a la clase mayor tranquilidad y equilibrio. El 58 % opinaba que las mascotas ofrecían estabilidad a los niños y el 56 %, que las mascotas ayudaban a los niños a superar la tristeza. Sin embargo, solo el 18 % creía que las mascotas ayudaban a desarrollar la conducta social en general y solo el 15 %, que el aprendizaje y la realización de los deberes mejoraban gracias a la presencia de los animales.[36]

La cuestión de si deben introducirse o no animales en clase sigue siendo hoy un tema de animado debate. Los que están a favor afirman que es una experiencia muy importante para los niños y que puede incidir en su conducta social. Los detractores insisten en que la presencia de animales en clase distrae demasiado la atención.

Los profesores que no aceptaban a los animales en el recinto escolar no estaban obligados a llegar a ningún tipo de compromiso (tal situación les habría resultado demasiado agobiante y tensa). Si, por ejemplo, se quiere llevar a clase a un perro de un centro de acogida, se debe estudiar bien a este animal, aun cuando en el centro de acogida sean de la opinión de que el animal hace muy buenas migas con los niños. Si tenemos problemas con el perro, seremos presa de la angustia y de los nervios, y la clase no discurrirá de manera satisfactoria.

Los animales exóticos, como serpientes, anfibios o fieras, no caben en un recinto escolar, por muy mansos que puedan parecernos. No se debe fomentar el comercio con estos animales. Amén de que el peligro de trasmisión de enfermedades por parte de éstos es bastante grande. Por ejemplo, existen muchos casos de transmisión de la tuberculosis y de la hepatitis B por parte de los monos. Asimismo, las iguanas y otros reptiles transmiten frecuentemente la salmonela. Según varios estudios realizados sobre animales de especies raras elegidas como mascotas, el 60 % muere durante el primer mes, el 20 %, durante el primer año y solo el 10 % sobrevive todo el segundo año. Sin embargo, apenas se formulan objeciones con relación a perros, gatos, acuarios o jaulas de hámsteres.

En mi calidad de psicólogo escolar, puedo dar fe del entusiasmo con que los niños suelen acoger en la clase la presencia de un animal. *Fly* me acompaña casi siempre en mis visitas a las escuelas. Al principio, mi perra se quedaba siempre en el coche, esperando a que yo volviera. Pero un día hizo tanto frío que no pude dejarla allí, pues se habría congelado. Aquel día, yo visitaba una pequeña escuela primaria de cuatro aulas que ni siquiera poseía una sala de profesores donde la perra hubiera podido esperarme, así que la llevé conmigo al aula. Tenía que observar en especial a una niña con problemas de rendimiento en clase. Cuando entré con la perra, todos los niños se alegraron mucho, si bien la profesora no supo muy bien cómo reaccionar. Finalmente, les pedí a los niños que nos leyeran algo a mi perra y a mí. Todos se ofrecieron como voluntarios. Yo elegí a la niña sobre la que tenía que redactar un informe. Estaba sentada en la primera fila. Se asustó mucho cuando vio que le tocaba leer. *Fly* se acercó a su pupitre mientras ella estaba abriendo el libro. Tiesa, con las dos patas delanteras sobre el pupitre, *Fly* parecía estar leyendo también el libro. La niña empezó a leer, y como el animal escuchaba con tanto interés, consiguió leer todo el texto con ritmo y casi sin faltas. Parecía incluso divertida, como si quisiera leer la historia exclusivamente para *Fly*. Ésta permaneció todo el tiempo en silencio delante del pupitre, con las patas delanteras colocadas sobre la mesa y los ojos posados sobre la niña, sin parpadear. Cuando la pequeña hubo acabado, todos los niños aplaudieron para felicitarla, y la perra abandonó también su posición en el pupitre.

No puedo asegurar que *Fly* escuchara realmente la historia con verdadera atención, pero sí puedo decir que no perdió de vista ni un instante el desayuno de la niña que estaba encima del pupitre: un delicioso bocadillo de salchichas.

Notas

1. Jefe tribal Seattle, «Somos parte de la Tierra».
2. Lorenz, Konrad, 1965, p. 103.
3. Manning, Aubery; Serpell, James C., 1994.
4. Stein, Arn, 1982.
5. Kidd, Aline H.; Kidd, Robert M., 1987.
6. Ricard, Marcelle; Allard, Louise 1992.
7. Nielsen, Julia A.; Delude, Looyd A., 1989.
8. Antiguo cuento de los indios queroquesis contado por Ann Gearhart en un taller para pedagogos en Lafayette, Indiana, citado en Michelle A. Rivera, 2004, p. 13.
9. Bergler, Reinhold, 2000, pp. 51 ss.
10. Bergler, Reinhold, 2000, pp. 223 ss.
11. Bergler, Reinhold, 2000, pp.40 ss.
12. Melson, Gail F., 2001, p. 71.
13. Melson, Gail F., 2001, pp. 51-58.
14. Véase Canfield, Jack y otros, eds., 2005, pp. 2 ss.
15. Hoffman, Matthew (ed.), 1998, p. 63.
16. Hoffman, Matthew, (ed.), 2003, p. 128.
17. Ley sobre protección de animales vigente en Alemania, § 2.
18. Kiensle, Ellen; Bergler, Reinhold; Mandernach, Anja, en Bergler, Reinhold, 2009, pp. 95 ss.
19. *Los Angeles Times* 1997, p. 13; New York Times, 1997, p. 10.

20. Ascione, Frank R, 1993.
21. Hoffmann, Heinrich, 1992.
22. Felhous, Alan R.; Kellert, Stephen R.,1987.
23. Dadds, Mark R.; Whiting, Clare; Hawes, David J., 2006.
24. Arkow, Phil, 1995, p. 5.
25. Gail, F. Melson, 2001, pp. 175 ss.
26. Fine, Aubery H., 2006, p. 105.
27. Levinson, Boris; Mallon, Gerald P., ²1997.
28. Melson, Gail F., 2001, pp. 127 ss.
29. Innes, Fiona,1990.
30. Bergler, Reinhold, 2000, pp. 190 ss.
31. www.LisHartel.nl
32. Nathanson, David, 1999.
33. www.slos.de
34. Hoffman, Matthew, 2005, pp. 45 ss.
35. Rivera, Michelle A., 2004, pp. 55 ss.
36. Hoff, Tanja; Bergler, Reinhold, 2006, pp. 72 ss.

Bibliografía

ARKOW, Phil, *Breaking the Cycles of Violence*, Latham Foundation, Alameda, 1995.

ASCIONE, Frank R, «Children Who Are Cruel to Animals: A Review of Research and Implications for Developmental Psychopathology», *Anthrozoös*, 6, 1993, pp. 226-47.

BECKMANN, Gudrun,, *Welcher Hund passt zu mir?* Cadmos, Brunsbeck, 1999.

BERGLER, Reinhold, *Warum Kinder Tiere brauchen*, Herder, Friburgo, 1994.

—, *Gesund durch Heimtiere*, Deutscher Institutverlag, Colonia, 2000.

BRUNNER, Bernd, *Eine kurze Geschichte des Bären*, Claassen, Berlín, 2005.

CANFIELD, Jack y otros (eds.), *Chicken Soup for the Dog Lover's Soul*, Health Communications, Deerfield Beach, 2005.

CONNIFF, Richard, *Was für ein Affentheater*, Campus, Fráncfort, 2006.

DADDS, Mark R.; Whiting, Clare; Hawes, David J., «Associations Among Cruelty to Animals, Family Conflict, and Psychopathic Trades in Childhood», *Journal of Interpersonal Violence*, 1 marzo; 21 (3), 2006, pp. 411-29.

FELTHOUS, Alan R.; KELLERT, Stephen R., «Childhood Cruelty to animals and Later Aggression Against People: A Review», *American Journal of Psychiatry,* 144, 1987, pp. 710-17.

FELTMANN - V. SCHROEDER, Gudrun, *Hund und Mensch im Zwiegespräch,* Franckh – Kosmos, Stuttgart, 1993.

FINE, Aubery H., *Handbook on Animal-Assisted Therapy: Theoretical Foundations and Guidelines for Practice.* Academic Press, Oxford, 2006.

JEFE TRIBAL SEATTLE, *Somos parte de la tierra. Carta del jefe tribal Seattle al presidente de los Estados Unidos de América en 1855.*

HAUSER, Marc D., *Wilde Intelligenz,* C. H. Beck, Múnich, 2001.

HOFF, Tanja; BERGLER, Reinhold, *Heimtiere und schulisches Leistungs-und Sozialverhalten,* S. Roderer Verlag, Ratisbona, 2006.

HOFFMAN, Matthew (ed.), *Das große Buch der Hundehaltung,* Könemann, Königswinter, 1998

—, *Hundesprache. Wie sie ihren Hund verstehen und verständlich machen,* Könemann, Königswinter, 2005.

HOFFMAN, Heinrich, *Der Struwwelpeter,* Esslinger Verlag Schreiber, Esslingen, 1992.

INNES, Fiona, *The Influence of an Animal on Normally Developing Children's Idea About Helping Children With Disabilities,* universidad de Purdue, West Lafayette, India.

KIDD, Aline H.; KIDD, Robert M., «Children's Attitutdes Toward Their Pets», *Psychological Reports,* 61, 1987, pp. 455-64.

—, «Reactions of Infants and Toddlers to Lie and Toy Animals», *Psychological Reports,* 61, pps. 455-464.

KIENSLE, Ellen; BERGLER, Reinhold; MANDERNACH, Anja, *Untersuchungen zum Fütterungsverhalten bei Besitzern normal- und übergewichtiger Hunde,* en Bergler, Reinhold, *Gesund durch Heimtiere,* Deutscher Institut-Verlag, Colonia, 2000.

KILCOMMONS, Brian; WILSON, Sarah, *Das Beste für meine Katze,* Franck – Kosmos, Stuttgart, 1997.

KOTSCHRAL, Kurt; BROMUNDT, Vivien; FÖGER, Benedikt, *Faktor Hund,* Czernin Verlag, Viena, 2004.

LEVINSON, Boris; MALLON, Gerald P., *Pet-Oriented Child Psychotherapy,* Charles C. Thomas (ed.), Springfield (²1997)

LINDGREN, Astrid, *Los niños de Bullerbyn,* Círculo de Lectores, Barcelona, 1990.

LORENZ, Konrad, *Über tierisches und menschliches Verhalten,* Piper, Múnich, 1965.

Los Angeles Times, 8 septiembre 1997, p. A. 14, «Cat Massacre at Iowa Shelter Splits a Town».

MANNING, Aubery; SERPELL, James C., *Animals and Human Society: Changing Perspectives,* Routledge, Londres, 1994.

MELSON, Gail F., *Why the Wild Things Are. Animals in the Life of Children,* Harvard University Press, Cambridge, Massachusetts, 2001.

NATHANSON, David, *Dolphins: Humans and Healing.* Vermilion, Londres, 1999.

New York Times, 15 octubre 1997, p. A. 10, «Crime Deteails Emerge. In TeenAge Slaying Case».

NIELSEN, Julia A.; DELUDE, Lloyd A., «Behaviour of Young Children in the Present of Different Kinds of Animals», *Anthrozoös,* 3, 1989, pp. 199-129.

O'DELL, Scott, *Die Insel der blauen Delphine,* Patmos Verlag, Düsseldorf, 2006.

PIEPENBROCK, Günter, *Border Collie,* Gräfe und Unzer, Múnich, 1996.

PREUSCHOFF, Gisela, *Kuschelbär und Miezekatze. Warum Kinder Tiere brauchen,* Papyrossa, Colonia, 1995.

RICARD, Marcelle; ALLARD, Louise, «The Reaction of 9-to 10-Month Old Infants to an Unfamiliar Animal», *Journal of Genetic Psychology,* 154, pp. 14-27.

Rivera, Michell A., *Canines in the Classroom. Rising Humane Children Through Interactions With Animals,* Lantern Books, Nueva York, 2004.

Schwab, Gustav; Guggemos, Josef, *Die schönsten Sagen des klassischen Altertums,* Ravensburger Buchverlag, Ravensburg, 2006.

Sewell, Anna, *Black Beauty,* Arena, Würzburgo, 1996.

Stein, Arnd, *Mein Kind hat Angst. Wie Eltern verstehen und helfen können,* Kösel, Múnich, 1982.

Waal, Frans de, *Eine schöne Verwandtschaft.* Nymphenburger, Múnich, 2004

Waal, Frans de, *Der Affe in uns,* Carl Hanser, Múnich, 2006.

White Brooks, Elwyn, *Stuart Little,* Alphaguara, Miami, 2004.

www.LisHartel.nl - Vereniging Paardrijden Gehandicapten – última visita del autor: 3 marzo 2007.

www.slos.de –sitio web de Albert– Terapia con delfines, Floria, 2002, última visita del autor: 32 marzo 2007.

El primer libro en castellano dirigido
a las personas de más de 60 años.
El regalo perfecto para este colectivo.

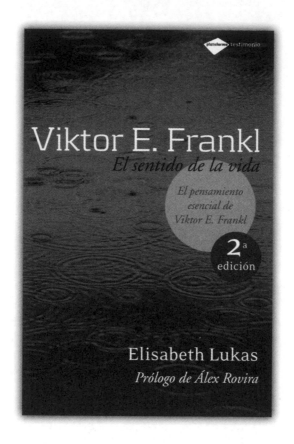

Viktor E. Frankl
El sentido de la vida

El pensamiento
esencial de
Viktor E. Frankl

2ª
edición

Elisabeth Lukas

Prólogo de Álex Rovira

Esta obra constituye
todo un muestrario del pensamiento
y la vida de Viktor Frankl,

EL CABALLO DE
MIGUEL

Historias extraordinarias
del Hospital Sant Joan de Déu

2ª
edición

Tina Parayre
Belén Roldán

Una caricia, un abrazo, compañía, una sonrisa,
el silencio, palabras, un beso… cualidades inherentes
de las personas que olvidamos con demasiada facilidad
y de las que tanto se agradecen.
Hermosos testimonios.